Working Mum

oder Mut zur Lücke

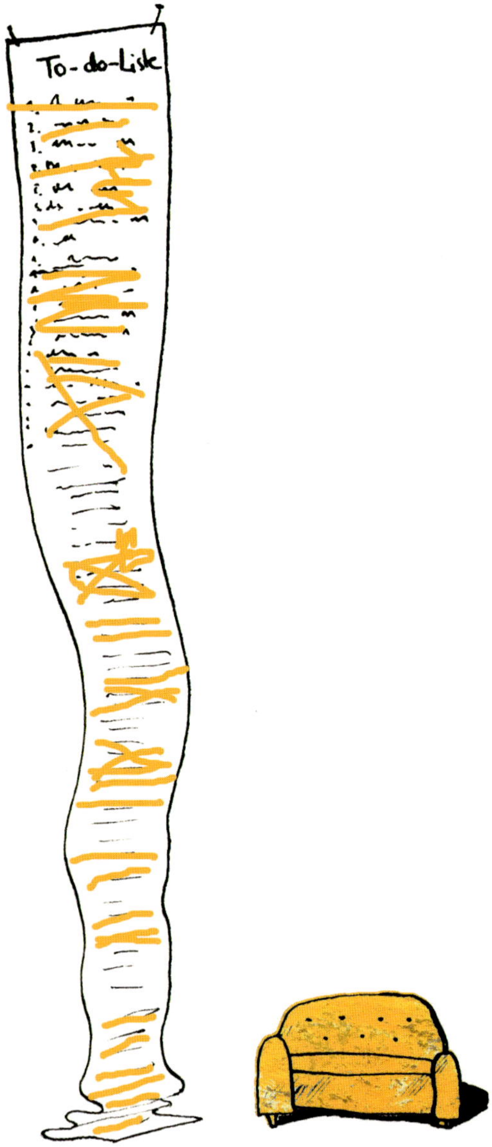
To-do-Liste

REGINA HOCKER

So gelingt der Spagat zwischen Familie und Beruf

Working Mum

oder Mut zur Lücke

Was Sie in diesem Buch finden

Liebe Leserin,

wie funktioniert das Lebensmodell Familie und Beruf am besten? Wie schaffe ich es, dass die Balance zwischen beiden Bereichen stimmt und ich auch noch Zeit für mich habe. Diese Frage beschäftigt mich schon lange. Ich habe mich umgeschaut und festgestellt, dass es für fast alle Lebenslagen einen Ratgeber gibt: Pubertät, Liebe, Schwangerschaft, Geburt, das Jahr nach der Geburt, Partnerschaft, Beruf und Karriere, Kinder, Krankheit, Wechseljahre – aber keinen, der sich speziell an berufstätige Mütter wendet, die weder auf Kinder noch auf ihren Beruf verzichten möchten.

Als ich schwanger wurde, dachte ich nicht einen Moment daran, mit dem Arbeiten aufzuhören. Voraussetzung war natürlich, mein Kind ist gesund. Ein halbes Jahr nach der Geburt ging ich wieder ins Büro. Die Tage waren nun viel kürzer: voll mit Terminen und To-dos. Sie waren aber auch bunter und für mich befriedigender. Im Büro hatte ich das Gefühl, richtig produktiv zu sein. Zu Hause konnte ich mich dann, anfangs nicht ohne Schwierigkeiten, ganz auf den »Alle-Zeit-der-Welt-Rhythmus« meines Sohnes einlassen. Immer wieder würde ich mich für Kind und Arbeit entscheiden. Weil ich es herrlich finde, zwei Lebenswelten zu haben und damit die Möglichkeit mich, in beiden weiterzuentwickeln. Nicht ganz so positiv ist der Zeitdruck, der mir viel zu oft im Nacken sitzt.

Klar war mir am Anfang nicht, dass beide Lebensbereiche die gleiche Kraft fordern. Daran gibt es nichts zu rütteln. Mit viel Organisationstalent und nach Überprüfung von Ressourcen ist es möglich, Zeiteinheiten freizuschlagen. Aber die Kraft und Ausdauer, die dieses Lebensmodell erfordert, ist groß. An manchen Tagen hetze ich fluchend von einem Termin zum nächsten und frage mich, ob ich eigentlich noch zu retten bin.

Ich möchte in diesem Buch eine Bitte an alle Working Mums aussprechen: Seien Sie sorgsam mit sich selbst. Gehen Sie achtsam mit sich und Ihren

Kräften um. Wenn Sie ausfallen, gibt es keine Ersatzspielerin. Sagen Sie öfter einmal STOP und nehmen Sie sich Zeit für etwas Schönes. Lernen Sie Zeitmanagement – nicht, damit Sie noch mehr Dinge in der gleichen Zeit bewältigen. NEIN DANKE. Zeitmanagement, um das Augenmerk auf das »Weniger-ist-mehr zu lenken«. So haben Sie mehr Luft für das, was Ihnen wichtig ist. Sie erleben die Tage bewusster und werden nicht durch sie hindurch gehetzt.

Ich hatte die Idee, meine Gedanken, Erfahrungen und Eindrücke zum Leben einer Working Mum aufzuschreiben. Dann habe ich mich umgesehen, was andere Workings Mums machen, und Freundinnen gefragt, wie sie ihr schnelles Leben meistern.

In diesem Buch finden Sie Anregungen, wie Sie das Gleichgewicht zwischen den beiden Lebensbereichen besser halten. Ich wünsche mir, dass jede berufstätige Mutter, die dieses Buch liest, im Alltag eine deutliche Entlastung spürt und mehr Momente der inneren Ausgeglichenheit und Ruhe findet. Genießen Sie die Vielfalt Ihres Lebens mit allen Menschen und den unterschiedlichen Aufgaben.

Herzlichst
Ihre Regina Hocker

PS: Ein Satz, den ich irgendwo einmal aufgeschnappt habe:
Inneres Gleichgewicht bedeutet auch, dass 50 % des Lebens schwierig, anstrengend und kompliziert sein dürfen.

Familie und Beruf –
ich will beides.
Gratulation – das haben
Sie jetzt: ein abwechslungsreiches
Leben oder fünf Tage in der Woche Rushhour,
zwei tagesfüllende Beschäftigungen oder wie ein simples
Rechenbeispiel in der Praxis aussieht.

100% Beruf + 100% Familie = 200% Einsatz

Bestimmt kennen Sie eine Situation wie diese: Im Büro ist gerade Deadline für ein wichtiges Projekt, dann wird ein Kind krank, der Partner, der die Situation vielleicht hätte auffangen können, ist auf Geschäftsreise. Die Großeltern, die sonst einspringen, sind unabkömmlich …

… und schon sprengt das erhöhte Stressaufkommen die nach oben hin offene Richterskala. Flexibel und schnell muss Working Mum eine Lösung finden. Und sie wird etwas organisieren. Manchmal ist diese Möglichkeit nicht wirklich gut. Ich sehe da Lukas, den fünfjährigen Sohn einer Freundin, fiebrig mit Kuscheltier im Schlafsack unter ihrem Schreibtisch in der Redaktion liegen: letzter Schliff an einem Magazin. Die Druckmaschine wartete … Sie konnte das Projekt nicht einfach delegieren, zumal sie die Verantwortung dafür hatte. Die Kollegen sind bei Druckunterlagenschluss auch alle am Anschlag. Da muss schnell eine Entscheidung getroffen werden. Und so lange das Fieber in einem Bereich liegt, der überhaupt ein Abwägen zulässt, wird noch ein Zahn zugelegt. Zum physischen Stress kommt in einer solchen Situation schnell der psychische Druck. Schon hört frau, wie das schlechte Gewissen ihr das Unwort »Rabenmutter« ins Ohr raunt. Und ganz ehrlich, wer von uns kennt das nicht: Auch wenn frau sonst gerne eine Working Mum ist, fühlt sie sich in diesem Augenblick entsetzlich. Das sind die Momente des Zweifelns, die mit einem Schuss Pragmatismus und »Augen-zu-und-durch« gemeistert werden müssen.

Frauen heute – alles ist möglich

Wer ist die neue Generation von Frauen und Müttern, die in den Medien gerne propagiert wird? Wie sind diese Working Mums, die beide Lebensbereiche unter einen Hut packen, scheinbar mühelos, ohne permanent müde zu sein, und in Hektik und Dauerstress nicht ausbrennen? Sie regieren nicht über einen komfortablen Hofstaat an »helping hands«, fangen die vielen kleineren und größeren Katastrophen des Alltags trotzdem ganz leicht auf, ohne dass sie ins Schwitzen kommen. Vorbilder für die Rollen haben wir nur wenige. Wir sind die Ersten, die angetreten sind, in einer Frauengeneration, in der alles möglich ist: Vollzeitmutter, teilzeitbeschäftigte Mutter, vollzeitbeschäftigte Mutter.

Wie eine Fliege in einem Glas Milch

Die Zeiten haben sich geändert, alles ist möglich. Aber in unseren Köpfen hinken wir selbst noch hinterher: Manchmal fühlte ich mich wie eine Fliege in einem Glas Milch, als ich verkündete, dass ich nach einem halben Jahr wieder arbeiten wollte. Ich war immer unter Beobachtung, ob ich es schaffe oder ob mir die Luft ausgeht. Mein Kind wurde kritisch beäugt, wann es die ersten Verhaltensauffälligkeiten zeigt. Nichts von all dem ist eingetreten.

Aber ich habe mich manchmal selbst dabei ertappt, dass ich überlegt habe, ob es denn anders wäre, wenn ich nicht arbeiten würde – vor allem, wenn mein Sohn eine schwierigere Phase durchlebte. Alle Termine rund um Krippe und Kindergarten habe ich sehr akribisch wahrgenommen, damit nur ja niemand dort auf den Gedanken kommt, dass mein Kind zurücktreten muss, weil die Mutter arbeitet. Das war bestimmt übertrieben, aber ich bin nun einmal sehr pflichtbewusst.

Leider wird in Deutschland oftmals ideologisch darüber diskutiert, welches Lebensmodell das richtige für Kinder ist. Die verschiedenen Anschauungen treten in einen Wettkampf zueinander. Da es kein richtig und falsch bei diesem Thema gibt und so viele Faktoren bei der Entwicklung eines Kindes mitspielen, bin ich selbst der einen oder anderen Behauptung auf den Leim gegangen. Aber mit der Zeit habe ich für mich die Sicherheit entwickelt, auf dem richtigen Weg zu sein. Auch eine gewisse Lockerheit und Mut zur Lücke habe ich mir angeeignet und bei manchen Dingen, die mir nicht mehr oder gerade nicht so wichtig waren, Abstriche gemacht. So ist das Lebensmodell immer noch nicht einfach, aber sehr befriedigend.

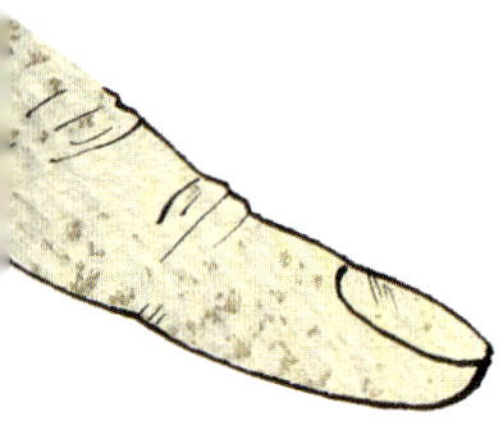

Der tägliche Marathon

Sie sind berufstätige Mutter. Das ist eine große Herausforderung. Im Vergleich zu Ihrem momentanen Leben, wird die Zeit, wenn die Kinder aus dem Haus sind, ein geruhsamer Spaziergang in lauer Frühlingsluft sein. Heute ist es ein Marathon. Was zählt ist Ihre Ausdauer. Ihre Kondition ist die eines Leistungssportlers. Niemand würde auf die Idee kommen, unvorbereitet einen Marathon zu laufen. Denken Sie als Working Mum deshalb auch an Ihre Kondition! Gehen Sie sorgsam mit Ihren Ressourcen um. Sie haben keinen Sprint vor sich. Dieser Lebensabschnitt mit Kind/ern erstreckt sich über eine lange Zeit und entwickelt eine ganz eigene Dynamik. Sorgen Sie sich auch um sich selbst. Sie sind wichtig. Wenn Sie keine Kraft mehr haben, dann funktioniert mit Ihnen vieles andere auch nicht mehr. Packen Sie das so beliebte »Geht schon …« einmal zur Seite und stellen Sie sich vor, was es bedeutet, wenn Sie ausfallen. Da sitzt keine Ersatzspielerin auf der Bank wie im Fußball, die sich kurz warm läuft und dann Ihre Position übernimmt. Natürlich gibt es auch Lösungen für den Fall, dass Sie nicht mehr können, aber so weit sollte es erst gar nicht erst kommen.

Ohne Ruhephasen können Sie auf Dauer nicht produktiv oder kreativ sein. Wer viel leistet, braucht auch Pausen, um aufzutanken. Das ist nicht nur im Sport so.

Manchmal eine Oase der Ruhe – das Büro

Aber nur manchmal. An einigen Tagen scheint das Büro ein Ort der Entspannung zu sein: konzentriert bei einer Sache bleiben, etwas zum Abschluss bringen, Probleme und Konflikte mit erwachsenen Menschen lösen. Auch das ist nicht immer einfach. Aber im Vergleich zu der emotionalen Katastrophe, wenn ein Sechsjähriger mit seiner Mannschaft beim Fußball 3:1 verliert … ein Klacks. Abgesehen von der Zeit, die Sie brauchen, einen deprimierten Mittelfeldspieler wieder aufzubauen, mit gutem Zureden, Umarmungen, festem »An-sich-Drücken« und natürlich den Gegner ein bisschen in die Pfanne hauen.

In der Praxis ist der Beruf natürlich eine komplexe Aufgabe, der uns mit seinen unterschiedlichen Anforderungen immer wieder vor neue Herausforderungen stellt. Auch hier wird Flexibilität von uns gefordert, wir arbeiten unter ständigem Zeitdruck und am besten wäre es, wir wären rund um die Uhr verfügbar.

Schalter im Kopf

Das Umschalten von Joballtag zu Mutterleben ist nicht immer einfach. Früher haben mich die Ereignisse im Büro lange verfolgt, den ganzen Abend oder zumindest eine Joggingrunde lang ... Nicht, dass das ganz vorüber wäre. Es gibt einfach Situationen, da kann frau nicht loslassen. Aber in der Mehrzahl der Fälle gelingt es mir viel besser, den Schalter im Kopf umzulegen. Die neue Aufgabe wartet ja gewissermaßen an der Haustüre. Mein Kind soll schließlich die Liebe und Aufmerksamkeit bekommen, die jedem Kind gebührt.

Stellen Sie sich den »Schalter im Kopf« bildlich vor. Das kann Ihre Wohnungstür sein. Vor ihr lassen Sie alles stehen, was mit dem Büro zu tun hat, zumindest versuchen Sie es. Sagen Sie zu sich selbst: »Das kann jetzt warten.« Und gehen Sie zum nächsten Tagesordnungspunkt über. Packen Sie Ihre »Unterlagen Büro« erst am nächsten Morgen wieder in Ihre Tasche.

Auch Kleinvieh macht Mist

Die vielen kleine Dinge, die als To-do auf einer Liste stehen, sind als einzelne Punkte kaum der Rede wert: Termin vereinbaren beim Kinderarzt, Kontakt zu Kindergarten und Schule, Musikunterricht, Sport, Geburtstagsgeschenke besorgen, Kuchen backen für diese oder jene Festivität. Um nur einige zu nennen. Nebenbei die unzähligen Handgriffe, die im Haushalt zu erledigen sind, einschließlich der handschriftlichen Notizen für die Haushaltshilfe, sofern frau über eine verfügt. Denn auch das will bedacht und abgearbeitet sein. In der Fülle, in der die »Kleinigkeiten« regelmäßig auftreten, sind sie ein nie versiegender Quell an Aufgaben auf unseren Listen. Kaum ausgestrichen stehen sie übermorgen schon wieder darauf und fressen unsere wertvolle Zeit.

Konstant hoch: das Anspruchs- und Leistungsniveau

Ich habe am Anfang des Kapitels von »erhöhtem« Stressaufkommen geschrieben. Denn Beruf und Familie unter einen Hut zu bekommen, fordert ein Anspruchs- und Leistungsniveau, das konstant hoch ist. Es herrscht permanenter Zeitdruck, viele Kontakte in Beruf und Familie sind zu pflegen, die Ansprüche an uns selbst sind groß: Da sind die Spitzenzeiten im Beruf, die Krankheit ihres Kinds, von Ihnen selbst oder einer im Netzwerk verankerten Person nur der Gipfel des Eisbergs. Wer zu kurz kommt sind meistens wir Frauen selbst. Wir denken zu wenig an uns und machen uns kaum bewusst, dass Gesundheit nur ein geborgtes Gut ist. Wir verhalten uns, als ob uns jeden Tag aufs Neue aus einem unerschöpflichen Füllhorn Kräfte zuwachsen würden. Dabei sollte die Achtsamkeit mit uns selbst ganz oben auf unserer Prioritätenliste stehen.

Vorschlag: Denken Sie mindestens dreimal am Tag an sich selbst. Halten Sie zum Beispiel bewusst kurz inne und atmen Sie durch. Was würde Ihnen jetzt gut tun? Ein paar Schritte zu Fuß gehen, um den Kopf zu lüften? Ein paar Minuten in einem Magazin blättern? Oder einfach nur so sitzen? Vielleicht gelingt es Ihnen ja. Versuchen Sie es!

Die größte Herausforderung

Es ist eine große Herausforderung nach der Arbeit zu Hause bei Kind und Familie noch einmal die gleiche Aufmerksamkeit, Konzentration und Geduld aufzubringen wie im Beruf. Ich persönlich finde, es ist die größte. An manchen Tagen scheint das Kontingent bereits an der Haustür aufgebraucht, noch bevor ich den Schlüssel in das Türschloss stecke.

Mit ein bisschen Zeit und ein paar kleinen Ritualen gelingt es zum Glück ja dann doch meistens, wieder in Fahrt zu kommen und den zweiten großen »Tagesordnungspunkt«, zu meiner Zufriedenheit und zu der meiner Lieben zu gestalten: zuhören, fragen, Zwischentöne filtern, Stimmungen deuten … oder auch »nur« Aktivitäten begleiten. Das Familienleben fordert uns. Das wissen wir alle. So herzallerliebst sie meistens sind, unsere Kinder: Sie können auch anders! Entwicklungsphasen, die unsere Nerven und unsere Geduld stärker beanspruchen, gibt es viele: Schulanfang, Liebeskummer, nervige Nachbarskinder, ungerechte Lehrer und, und, und … Kinder laufen nicht einfach mit. Sie passen sich unserem Leben an, das ja. Und sie sind zufrieden, wenn genug Zeit für »Gemeinsames« bleibt. Aber wir müssen aufmerksam bleiben, dass die Kinder im Alltag nicht untergehen.

Schalten Sie bewusst auf den Home-Modus, wenn Sie nach Hause kommen. Ziehen Sie eine ganz klare Linie zwischen Ihren Lebenswelten. Bitten Sie um ein paar Minuten zum Durchschnaufen. Setzen Sie sich kurz hin, atmen Sie tief durch, trinken Sie etwas und knabbern Sie eine Kleinigkeit dazu. Machen Sie ein kleines »Gleich-geht-es-weiter-Ritual« daraus. Das bringt neue Energie. Und das Beste an diesem kleinen Ritual ist, dass es sich irgendwann verselbstständigt. Sobald Sie sitzen, Ihr Getränk und den Snack in der Hand, greift die Programmierung und Sie schalten viel leichter in einen anderen Gang.

Übungen

Diese Übungen haben mir immer geholfen Abstand zu bekommen und passen wunderbar zum Entspannungsritual.
Die Atemübungen helfen abzuschalten und loszulassen, die Bewegungsübungen Energie zu tanken. Und das Beste: Sie brauchen keine Trainingsgeräte und der Zeitaufwand ist minimal. Sie sollten lediglich darauf achten, dass Sie viel frische Luft um sich haben. Also bitte gleich lüften, wenn Sie nach Hause kommen, oder vor dem offenen Fenster üben.

Neue-Energie-tanken-&-Büro-hinter-sich-lassen-Übung

Sie setzen sich bequem in Ihren Lieblingssessel. Ihr ganzer Rücken hat Kontakt mit der Rückenlehne. Legen Sie nun ganz locker Ihre Arme auf den Armlehnen ab.

Beim Einatmen durch die Nase ziehen Sie die Schultern hoch, beim Ausatmen durch den Mund lassen Sie die Schultern dann wieder fallen.

Wiederholen Sie diese Atem- und Lockerungsübung mehrmals.

Schließen Sie nun die Augen und atmen Sie weiter gleichmäßig ein und aus. Fangen Sie dabei ganz langsam an, von 10 bis Null zu zählen.

Ihre Muskulatur wird sich entspannen, die innere Anspannung wird der Entspannung weichen. Wichtig bei den Atemübungen ist, dass Sie die 2:1-Regel beachten. Atmen Sie doppelt so lange aus, wie Sie einatmen.

Schnell-Stress-wegatmen-Übung

Stellen Sie sich auf den Boden. Sie sollten einen festen Stand haben.

Jetzt atmen Sie tief durch die Nase ein.

Konzentrieren Sie sich auf die Körperstellen, an denen Sie den Stress heute am stärksten fühlen.

Und nun stellen Sie sich vor, wie der Atem durch Ihren Körper fließt und den Stress beim Ausatmen mit sich nimmt.

Wiederholen Sie diese Übung mehrmals, bis Sie sich ruhiger und entspannt fühlen.

Schnell-Stress-abschütteln-Übung

Fangen Sie an, ganz leicht Ihre Hände zu schütteln.

Versuchen Sie, dabei die Armgelenke ruhig zu halten.

Dann beziehen Sie die Arme mit ein und schütteln Sie dabei etwas kräftiger. Sie sollen das Schütteln ruhig im Oberkörper spüren.

Ihr Nacken und die Schultern sollten dabei aber entspannt bleiben.

Schütteln Sie zwei Minuten.

Sie werden merken, wie Ihr ganzer Körper locker und die Durchblutung angeregt wird.

Kurz-Schwung-holen-Übung

Gehen Sie mit großen Schritten auf der Stelle.

Schwingen Sie dabei gegengleich jeweils die Arme. Also zum rechten Bein den linken Arm und umgekehrt.

Achten Sie darauf, dass Sie dabei locker bleiben.

Sie werden merken, wie Ihre Konzentration wieder zurückkehrt und der Kreislauf in Schwung kommt.

Entspannende Ausgleichsübung

Setzen Sie sich ganz entspannt auf einen Stuhl. Der Oberkörper ist aufrecht. Zwischen Rücken und Rückenlehne sollten Sie noch etwas Platz für Bewegung lassen. Ihre Füße stehen in schulterbreitem Abstand locker auf dem Boden.

Legen Sie Ihre Hände auf Ihre Knie und schließen Sie die Augen.

Stellen Sie sich nun vor, wie in Ihrem Bauch ein Kreisel kleine Kreise beschreibt. Die Kreise werden größer und immer größer.

Atmen Sie ganz ruhig ein und aus und folgen Sie mit dem Oberkörper dem Kreisel auf seinem großen Bogen. Dann werden die Bögen wieder kleiner bis Sie ganz zur Ruhe kommen.

Eine herrliche Übung, um sich nach einem hektischen Tag zu erden und die Mitte wieder zu finden.

Das Ziel ist die Balance – und über die hohe Kunst Löcher zu stopfen. Wie Working Mum versucht, den Puzzleteilen in ihrem Leben gerecht zu werden und selbst nicht zu kurz zu kommen.

Immer schön flexibel bleiben?

Gerade noch hatte ich vier freie Tage vor Augen: Genug Zeit, um schon am Morgen zu joggen und anschließend ganz gemütlich ausgiebig zu frühstücken; Zeit für die Familie und Zeit um in Ruhe Einkäufe, die längst fällige Steuererklärung und dies und das Liegengebliebene zu erledigen; Zeit für lange aufgeschobene Telefonate und Einladungen. Das alles hätte in moderatem Tempo geklappt. Dinge auf sich zukommen lassen, purer Luxus!

Da flattert uns per SMS eine Einladung von lieben Freunden ins Haus, ob wir vier Tage mit ihnen in ihrem alten Bauernhaus in Tirol verbringen möchten – bei Neuschnee. Und schon schlagen zwei Seelen in meiner Brust. Ich spüre den Druck, jetzt wenigstens die wichtigsten Vorhaben in die drei verbleibenden Arbeitstage der Woche zu packen. Klar, das eine oder andere auf meiner Liste, neben Büro und Familie, wird abgespeckt. Aber es bleibt noch einiges. Andererseits könnte ich vier ganze Tage in herrlicher Umgebung verbringen und wunderbar abschalten: Zeit mit meiner Familie, Freunden, Ski fahren, Schlafen. Herrlich! Die Alternative: ganz in Ruhe zu Hause bleiben und

meine Lieben ohne mich losschicken. Ich will ja schließlich keine Spaßbremse sein. Das würde unsere momentan zeitlich sehr angespannte Situation in den nächsten Wochen entzerren. Ich hätte auch ein bisschen Muse für mich. Mein Vorschlag stößt auf lauten Widerspruch, der angesichts der To-do-Liste zwar verständnisvoll formuliert wird. Aber die Enttäuschung ist herauszuhören, weil Mann und Kind dann das ganze lange Wochenende ohne mich verbringen müssten. Und wie schön es doch für uns alle wäre …

Das Leben – ein Puzzle

So verschieden wir Working Mums und unsere persönlichen Lebensumstände sind – eines haben wir gemeinsam: Unser Leben ist ein Puzzle, dessen einzelne Teile ein prall gefülltes Ganzes ergeben, ein großes Bild mit endlosen To-do-Listen, vielfältigen Anforderungen im familiären und privaten Leben. Und nebenbei gibt es die entsprechenden Aufgaben und Projektlisten im Beruf. Und wir tragen den Wunsch und das stetige Bestreben in uns, doch irgendwie die Balance zwischen allen Bereichen, Anforderungen und den Menschen dahinter zu schaffen.

Manchmal stelle ich mir eine Working Mum als Artistin vor. Sie steht auf einem Brett, das über einem Ball liegt und versucht das Gleichgewicht zu halten, während der Ball hin- und herrollt. An den Armen hat sie viele bunte Reifen, die sie in Bewegung hält und einen langen Stab im Mund, auf dem sich oben noch ein Teller dreht. Jetzt darf sie nur nicht umkippen oder etwas zum Stillstand kommen lassen.

Der Wunsch, alles im Gleichgewicht zu halten

Oberstes Ziel ist es natürlich, dass alle Bereiche ausgewogen zueinander stehen. Aber wir wissen nur zu gut, wie schwer es ist, niemanden und nichts zu vergessen. Dann auch noch alles im Gleichgewicht halten – eine große Aufgabe. Trotzdem sollten Sie dieses hehre Ziel immer ins Auge fassen. Aber es ist für uns und unsere Gesundheit genauso wichtig, dass wir selbst nicht zu kurz kommen. Beziehen Sie also auch sich selbst in Ihre Balance-Betrachtungen mit ein.

Natürlich werden Sie an dieser oder jener Stelle Zugeständnisse machen müssen. Vielleicht schrauben Sie für eine Weile Ihr Hobby etwas zurück, so lange das Kind/die Kinder klein sind. Sobald der Nachwuchs eigene Interessen hat, ist es viel leichter, wieder mit dem Gewohnten zu beginnen oder es auszubauen. Bleiben Sie flexibel. Halten Sie nicht an einer Freizeitbeschäftigung fest, weil sie mal ganz wichtig war. Die Prioritäten ändern sich. Nicht flexibel zu sein bringt nur noch mehr Zeitdruck für Sie. Aber bitte drehen Sie nicht alles zurück, was Ihnen hilft, Kraft zu tanken.

Planen Sie bewusst Freiräume und Freizeit zum Abschalten und Auftanken für sich ein, egal ob Sport, Kinoabend oder Treffen mit einer Freundin. Dazu gehört auch mit dem Partner abzusprechen, wer am Wochenende ausschlafen oder ein paar Stunden allein zu Hause verbringen darf.

Eine meiner Freundinnen wird immer ganz unleidlich, wenn sie auf ihren geliebten Sport verzichten muss. Ihr macht es nichts aus, wenn sie auf den allerletzten Drücker im Schweinsgalopp dort ankommt. Hauptsache, sie hat es geschafft. Das Auftanken bei einem Hobby, beim Sport oder im Kreise von Freundinnen ist Balsam für die Seele und gibt den nötigen Drive für die vielen Pflichten.

Familie und Ich

Die Begriffe, die ich hinter dem Pulldown-Menü »Familie« zusammengefasst habe, sind vielschichtig: **Kind(er),** die nicht nur zu irgendwelchen Aktivitäten gebracht werden wollen, sondern die Anteilnahme an ihren Erlebnissen wünschen. Sie wollen, dass man Interesse daran zeigt und auch mit ihnen darüber sprechen kann. Ab und an ist es wichtig, das Kind in der Gruppe zu beobachten, um sich selbst ein Bild zu machen, wie das eine oder andere läuft und sich nicht nur auf das zu verlassen, was Kinder von sich aus erzählen oder was andere über sie berichten. Das kann ja sehr einseitig oder wenig sein. Natürlich muss man nicht jede Woche an allen Unternehmungen teilnehmen. Aber: Beim Zuschauen können Sie wunderbar relaxen, wenn Sie den Schalter im Kopf vorher umlegen. Siehe Kapitel 1.

(Meist) **Mann**, der auch sein eigenes Berufs- und Familienleben hat, das ja eng mit Ihrem verknüpft ist. **Eltern**, die nicht jünger werden. Haben Sie Glück, werden Sie noch von ihnen unterstützt und können vielleicht auf ihre Hilfe zurückgreifen, zumindest wenn es wieder ganz eng wird. Läuft es weniger gut, werden Sie auch von Ihren Eltern gebraucht und müssen sich um sie kümmern.

FreundInnen, die uns so wichtig sind, weil wir mit ihnen herrlich über uns lachen und somit auf Distanz zu unserem eingetakteten Leben und dem alltäglichen Wahnsinn gehen können.

Ich denke nur an das erfrischende Gelächter, das eine Freundin und ich von uns gegeben haben, als wir feststellten, dass unsere nächtlichen Aktionen – meinem Sohn und ihrer Tochter war schlecht geworden, Mittag- und Abendessen komplett in Kinderbett und -zimmer verteilt – nahezu gleich abgelaufen sind. Nachdem die Lieben getröstet, frisch gemacht und umgezogen in Mamas Bett lagen, mit der Küchenrolle das Gröbste beseitigt war und die Waschmaschine schon lief, saß ein schlaftrunkener Papa mit zugekniffenen Augen im Bett, ungnädig vor sich hinmurmelnd: »Was ist denn hier los, bei dem Lärm und dem Licht kann man ja unmöglich schlafen ... «

Sport und Entspannung, weil es uns gut tut (tun würde) zum Abschalten, Auftanken und um stressresistenter zu werden. Und unsere **eigenen Interessen** – individuell von Ihnen zu füllen. Aber auch der **Haushalt** gehört dazu. Ein breites Spektrum, das Organisation, hochgekrempelte Ärmel, Einfühlungsvermögen, genaues Zuhören und somit viel Zeit braucht.

Beruf

Dagegen scheint mir der Menüpunkt »Beruf« mit allen seinen Facetten recht fest umrissen zu sein. Beruf: Das ist eine Zeiteinheit, in der zwar wiederum viele verschiedene Arbeiten zu erledigen sind, dennoch ist es eine Einheit, auf die frau sich gut einstellen kann und um die sich letztlich ja das ganze Familienleben gruppiert – egal ob Kinderbetreuung, Einkaufen und was sonst noch alles anfällt. Einmal im Büro angekommen, kann frau die einzelnen Aufgaben be- und abarbeiten. Im Beruf entwickeln wir uns, fachlich, aber auch in den »weichen« Kompetenzen, lernen dazu, müssen Konflikte durchstehen, uns positionieren. Und wir bringen viel davon mit nach Hause, weil es uns weiter beschäftigt. Auf dem Spielplatz kann man genauso wenig die Gedanken ans Büro abstellen, wie umgekehrt im Büro, wenn es bei der Ankunft im Kindergarten Tränen gab, weil Kind nicht dort bleiben wollte. Aber es ist alles »offizieller« oder »professioneller« im Berufsleben. Vielleicht arbeiten wir zielgerichteter. Vergleicht man das Berufsleben mit dem Lebensbereich»Familie«, dann ist dieser um vieles umfangreicher, differenzierter und erfordert ungleich mehr Emotion und Flexibilität. Das ist aber mein ganz persönliches Empfinden.

Laufmaschen

Ich selbst habe oft das Gefühl, im Privatleben Löcher stopfen zu müssen. In der Arbeit werde ich an den Ergebnissen gemessen. Wenn ein Projekt zu einem bestimmten Zeitpunkt fertig werden muss, dann ist Deadline. Punkt. Unvorbereitet an einer Besprechung teilzunehmen, geht nicht. Also spare ich oftmals im privaten Bereich ein: Ich bleibe ganz einfach länger im Büro. Dann ist allerdings für den Rest des Tages weniger Zeit übrig. Ich versuche mich bei dem einen oder anderen durchzumogeln, bin aber andererseits unzufrieden, weil ich genau weiß, dass es nicht okay ist. In den organisatorischen Dingen ist das nicht weiter schlimm. Da gehört das Improvisieren einfach dazu. Was macht in diesen Fällen eine kleine Laufmasche schon aus? Darüber kann frau noch großzügig hinwegsehen. Aber wie sieht es in der Beziehung aus? Dort kann aus einer fehlenden Masche ganz schnell ein großes Loch werden. Manchmal bin ich zu müde, um außer Organisatorischem noch etwas zu besprechen. Oft fehlt die Zeit, sich über anderes auseinanderzusetzen – oder frau denkt, weil sich die Müdigkeit bleiern in Kopf und Glieder setzt: »Ach, doch nicht so wichtig.«

Und wie steht es um die Freundschaften zu den Menschen, die uns wichtig sind? Wie viel Bequemlichkeit vertragen unsere Beziehung, unser Partner oder unsere Freunde? Wann haben Sie zum letzten Mal Ihren Partner in Ruhe gefragt, wie es ihm geht? Was er denkt? Ob er zufrieden ist, so wie es läuft? Ganz zu schweigen von: »Was wünschst Du Dir? Was könnten wir besser machen?«

Im Job ist das noch recht einfach. Da wird vieles vor der Kaffeemaschine besprochen – und das langt, weil die Kontakte zu den Kollegen meist nicht ganz so intensiv sind. Im Privaten wollen Beziehungen besser gepflegt werden. Freundinnen, Freunde, Eltern, Kindergarten, Schule, Sport ... Unser gesamtes soziales Umfeld ist wichtig für uns, weil es hilft, auf Dauer gesund zu bleiben. Nur wenn wir in eine Familie und einen Freundeskreis, der uns am Herzen liegt, eingebettet sind, können wir schwierige Situationen meistern.

Auch wenn Sie noch gar nicht das Gefühl haben, unter Zugzwang zu stehen oder sich total leer und ausgebrannt zu fühlen – es ist immer gut, die eigene Situation oder sich selbst in Frage zu stellen. Überdenken Sie, was Sie besser machen könnten, um mehr Zeit zu haben: zum Ausspannen, kurz Innehalten, oder für liebe Menschen, die Ihnen nahe sind. Natürlich auch, um sich rechtzeitig zu erden, damit Sie in Stress-Situationen nicht so schnell ans Limit kommen.

Auf einmal sind es fünf

Wenn ein Paar ein Kind bekommt, dann werden aus Mann und Frau auch noch Vater und Mutter. Und diese Rolle ist neu. Die anderen beiden, Mann und Frau, sind nun aber auch nicht mehr das, was sie waren. Und irgendwie wollen wir allen gerecht werden. Zwischen den zeitlichen und organisatorischen Anforderungen, die wir im Alltag zu meistern haben, ist das eine große Aufgabe. Ich persönlich empfinde es als sehr positiv für die Beziehung, wenn beide Partner in ähnlichen Welten leben und nicht in Paralleluniversen, sprich nicht eine/einer mit dem Rücken zur Welt im Büro, getrennt von der Lebenswelt zu Hause. Währenddessen ist die/der andere als Homemanager unterwegs, dem es schwer fällt Verständnis aufzubringen für einen wiederholt verschobenen Familienausflug zu IKEA am Freitagnachmittag. Beide Partner teilen Erfahrungen aus beiden Lebenswelten und entwickeln sich zweidimensional: im Beruf und im Familienleben. Und beide Welten, auch wenn es oft stressig ist, machen uns zufrieden.

Denkanstoß: Lernen Sie, dass es wichtig ist auch etwas für sich zu tun. Wenn Sie im ersten Moment schon denken »Oh je, das auch noch«, dann sind Sie mit Ihrem Belastungslevel bereits an der Obergrenze.

Entrümpeln Sie die Welt der schönen Bilder

Sortieren Sie die Bilder aus, die sich über die Jahre in Ihrem Kopf angesammelt haben und die gerne in den Medien gezeigt werden. Bilder, die sich nun turmhoch zu einer Erwartungshaltung stapeln, die so gar nichts mit der Realität und dem Leben an sich zu tun haben. Anscheinend können wir heute alles haben: tollen, krisensicheren Job und damit ein finanzielles Auskommen, dazu wohlgeratene Kinder, Gesundheit sowieso und natürlich in der Beziehung lebenslangen Honeymoon mit einem aufregenden Sexualleben. So sehr wir uns auch anstrengen, damit ist jede Paarbeziehung überfordert. Wir leben nicht in dieser wunderschönen Bilderwelt, sondern hier und jetzt. Aber wenn wir achtsam in unserer Beziehung sind, uns Zeit füreinander nehmen und unsere Beziehung als Bündnis von zwei Menschen verstehen, die sich bewegen und immer weiterentwickeln, dann kann es gelingen.

Kleine Schritte – fast kein Aufwand

Eine liebe Freundin antwortete mir vor langer Zeit – ich war noch keine Working Mum – auf meine Frage, wie sie denn ihr Pensum schafft: »Alles halb so wild. Als Familie funktionieren wir super. Aber was von meinem Mann und mir als Paar noch übrig ist, wenn die Kinder größer sind, müssen wir sehen ...«. Damals konnte ich die Tragweite dieses Satzes gar nicht erfassen. Heute weiß ich, wovon sie gesprochen hat. Und manchmal erschaure ich angesichts dieser bedeutungsvollen Worte. Ab und an betrachte ich befreundete Elternpaare und überlege mir, ob sie abends, wenn die Kinder im Bett sind, bei einem Glas Rotwein angeregt über Politik, Beruf oder ihre Beziehung reden, nicht nur über Organisatorisches: Wer macht wann oder wo was, oder besorgt dies oder jenes. Ich denke darüber nach, ob sie noch oft aufregenden Sex haben, oder ob sie meistens todmüde ins Bett fallen, weil der Tag ihre Energie schon aufgebraucht hat.

Michelle Pfeiffer sagte, dass sie und ihr Mann sich einmal in der Woche in einem Restaurant verabreden, um einmal nicht über Zuhause und die Kinder zu reden – eine Möglichkeit.

Aber vielleicht gibt es ja auch noch etwas dazwischen. Ich selbst suche immer nach kleinen Lösungen für jeden Tag, die mit wenig Aufwand auf Dauer gesehen doch sehr viel bringen. Das ist zum Beispiel ein schönes Abendessen zu Hause, wenn die Kinder schon im Bett sind. Organisatorisch und zeitlich ist ein Essen dort einfacher zu bewerkstelligen. Hauptsache, Sie reservieren sich diesen Termin fest, wie wenn Sie mit Freunden verabredet wären. Lassen Sie wirklich alles liegen und konzentrieren Sie sich nur auf Ihren Partner. Versuchen Sie von sich zu erzählen, was sie beschäftigt. Manchmal ist das gar nicht so einfach, vor allem, wenn man einander schon lange kennt, oder glaubt einander zu kennen und somit etwas aus der Übung ist. Und bitten Sie Ihren Partner, von sich zu erzählen. So kommen Sie sich mit jeder Verabredung nahe beziehungsweise bleiben dran an dem Menschen, in den Sie mal rasend verliebt waren. Sie werden erstaunt sein, was Sie alles von Ihrem Partner erfahren. Erinnern Sie sich an ihre Kennenlern-Phase. Das sitzt man stundenlang zusammen, erzählt von sich und spricht miteinander. Und was den Sex betrifft: Just do it. Nicht auf eine tolle Gelegenheit warten. Ganz ehrlich: Bei zwei berufstätigen Partnern und Eltern können Sie lange warten, bis alles passt. Verabreden Sie sich. Gehen Sie früher schlafen und stecken Sie das Telefon aus! Klingt zwar nicht so romantisch, aber nach zwei Minuten haben Sie das vergessen.

Die Regeln für eine gelungene Paarkommunikation: 1. Reden. 2. Reden. 3. Reden. Denn miteinander reden ist die Basis für eine gute Beziehung.

Gemeinsames pflegen oder wiederentdecken

Gemeinsame Aktivitäten bringen uns in Erinnerung, dass wir nicht nur Eltern sind. Und natürlich ist es einfacher, sich auf einander einzulassen, wenn man aus dem häuslichen Umfeld heraus ist. Aus dem Nebeneinander im hektischen Alltag festigt sich leichter wieder das Gefühl für das Miteinander. Es gab vor dem Kind/den Kindern vieles, was Sie gemeinsam unternommen haben. Besinnen Sie sich darauf. Wie sahen Ihre Wochenenden früher aus? Und dann raffen Sie sich auf. Auch wenn es manchmal gar nicht so einfach ist, aus dem Trott auszubrechen. Wenigsten ab und zu sollte es Ihnen gelingen.

Seid nett zueinander

So banal es auch klingen mag: Versuchen Sie dieses Motto jeden Tag bewusst in den Alltag zu integrieren. Denn viel zu schnell geht der liebevolle Umgang zwischen den To-dos und dem ganzen oft hektischen Drumherum unter. Auch wenn Sie schon an der Türe warten um gleich loszudüsen, nehmen Sie sich die Zeit, Ihren Partner in den Arm zu nehmen. Bedanken Sie sich, wenn er einen Termin verschoben hat, um Ihnen den Rücken für eine wichtige Besprechung im Büro freizuhalten. Nehmen Sie es nicht als selbstverständlich hin, auch wenn Sie ein eingespieltes Team sind. Im Beruf wird viel bewusster gelobt. Wenn Sie völlig platt sind, weil die Woche so anstrengend war, überlegen Sie, wie Sie sich gegenseitig ein bisschen verwöhnen können.

Sie als Paar sind das Fundament auf dem die ganze Familie steht.

Massagen für den Partner sind zum Beispiel kurze Auszeiten, in denen Sie den Alltag abschalten und das Hier und Jetzt genießen können. Kleine Liebeserklärungen, die helfen Stress ab- und neue Energien aufzubauen. Berührungen stärken Ihre Verbundenheit und Ihr Immunsystem. Denn durch Hautkontakt werden Hormone frei, die wie ein Vitamincocktail wirken. Gönnen Sie sich und Ihrem Partner ab und zu diese Momente der Ruhe. Manchmal sind sie auch Türöffner für ein partnerschaftliches Gespräch, da die Massagen eine vertrauensvolle Atmosphäre schaffen.

Loving-Hands-Massage 1: entspannende Kopfmassage

Sie oder Ihr Partner sitzen auf dem Fußboden, den Kopf zwischen den gegrätschten Knien des Partners, der auf der Couch sitzt.

Derjenige, der auf der Couch sitzt, legt die Fingerkuppen beider Hände auf die Kopfhaut des Partners und verschiebt diese langsam, wie er einen Hund kraulen würde. So massieren Sie den ganzen Kopf.

Führen Sie mit den Fingern kreisende Bewegungen aus, vom Haaransatz zum Hinterkopf und dann zum Nacken hin. Sie werden bemerken, wie die anfangs noch feste Kopfhaut sich lockert, wie sich ein warmes Gefühl im Kopfbereich ausbreitet und die Durchblutung angeregt wird.

Massieren Sie mindestens vier bis fünf Minuten. Gerne länger.

Loving-Hands-Massage 2: Massage von Schultern und Nacken

Sie oder Ihr Partner setzen sich so auf einen Stuhl, dass der Oberkörper zur Rückenlehne weist. Am besten ist, Sie polstern die Lehne mit einem Kissen. Lehnen Sie den Oberkörper gegen die Lehne, suchen Sie auf dem Kissen eine bequeme Position für den Kopf.

Lassen Sie die Arme locker auf den Oberschenkeln liegen. Der Partner sitzt bequem auf einem Stuhl dahinter.

Streichen Sie nun mit beiden Händen rechts und links ganz sanft vom Nacken aus über die Schultern zu den Oberarmen. Dann ziehen Sie ebenso sanft die Hände über die Schulterblätter zur Wirbelsäule. Von der Wirbelsäule aus schieben Sie mit leichtem Druck die Hände nach oben zum Schulterrand und von dort wieder sehr sanft nach unten. Beide Hände arbeiten synchron links und rechts von der Wirbelsäule.

Die Bewegungen sollen fließend sein. Verstärken Sie bei jeder Wiederholung den Druck beim Aufwärtsschieben. Das Abwärtsstreichen bleibt so sanft wie zu Beginn der Massage. Massieren Sie vier bis fünf Minuten oder so lange, wie es Ihnen und Ihrem Partner gefällt.

Quality-Time mit Kind/ern

Ich habe vor längerer Zeit in einer Zeitung von einer Untersuchung gelesen, die besagt, dass berufstätige Mütter im Tagesdurchschnitt genauso viel Zeit intensiv mit ihren Kindern/ihrem Kind verbringen, wie Vollzeitmütter. Lassen wir einmal die Tatsache bei Seite, dass sehr kleine Kinder einen hohen Pflegeaufwand erfordern, zum Beispiel Windelwechseln mit Massage- und Schmuseeinheiten. Schon vergessen? Aber ab einem bestimmten Alter, wenn frau dann mit dem Kind etwas unternehmen, basteln oder lesen kann, ist dieser Zeitaufwand durchaus vergleichbar.

Ich habe mir immer vorgestellt, dass Mütter, die zu Hause sind, wahnsinnig viel malen, kneten, singen, reimen oder ähnliches. Das mag für einige zutreffen, aber wenn ich mich so in meinem Umfeld umsehe, in dem es auch viele Mütter gibt, die zu Hause sind, ist das nicht zwangsläufig so. Working Mums ist bewusst, dass sie mit ihren Kindern nicht alle Zeit der Welt haben. Deshalb versuchen sie, die verbleibende Zeit intensiv zu nutzen. Und das heißt nicht unbedingt, dass sie jetzt von Unternehmung zu Unternehmung hasten, sondern sich ganz bewusst die Zeit nehmen, um dem Kind auch Ruhe und Nähe zu geben.

Denn Kinder von Working Mums haben im Normalfall schon durch eine Ganztagesbetreuung viel mehr Programm in der Tagesstätte als ein Kind, das teilweise oder ganz zu Hause betreut wird. Versuchen Sie, Ihre Zeit mit dem Kind zu nutzen, um gemeinsam zu spielen, vorzulesen, die Gutenachtgeschichte mit Kuscheleinheit zu verankern. Das gibt Kindern das Gefühl, dass Mama da ist, auch wenn sie tagsüber arbeitet. Nehmen Sie sich ganz bewusst die Zeit, bei Ihrem Kind zu sein, selbst wenn Sie ihm dann »nur« beim Spielen zusehen. Kinder lieben das.

Oder binden Sie Ihr Kind in kleine, ganz alltägliche Erledigungen ein. Es gibt so vieles im »ganz normalen Leben« zu entdecken und bestaunen – im Umgang mit anderen Menschen, der Natur und sogar beim Kuchen backen. Wir hatten neulich in Folge drei Mal Zwillingseigelbe in unseren Eiern – eine Sensation! Gemeinsame Tätigkeiten, und wenn es das Gemüseschneiden für das Abendessen ist, machen es vielen Kindern leichter, ganz nebenbei zu erzählen, was ihnen am Herzen liegt. Es ist nicht immer einfach, sich diese Zeit zu nehmen. Aber es ist wichtig, dass Kinder nicht in der Menge der Dinge untergehen, die zu erledigen sind. Wenn es Ihnen gelingt, für Kinder verlässliche Strukturen in den Alltag zu integrieren, dann entwickeln sie sich prächtig.

Checken Sie regelmäßig, wie hoch Ihre Arbeitsbelastung ist und versuchen Sie rechtzeitig gegenzusteuern.

Nicht stressen lassen

Versuchen Sie, sich andererseits nicht stressen zu lassen durch die ganzen angeblichen »MUST-Aktivitäten«, von denen Kinder heute überschwemmt werden: Frühförderung Englisch, Musik- und Malunterricht, Ballett, Reiten, Leichtathletik. Leicht fängt frau an zu zweifeln, ob sie denn zu wenig für die Förderung des eigenen Nachwuchses tut und ob das Kind etwas verpasst. Manchmal kann ich mich des Eindrucks nicht erwehren, dass da ein regelrechter Wettbewerb unter Müttern stattfindet, wer am meisten mit und für sein Kind tut. Doch ist frau dadurch auch die »bessere Mutter«? Viele Aktivitäten sind für berufstätige Familien ohnehin schlecht wahrzunehmen, da sie so früh am Nachmittag beginnen.

Meine Meinung zum Thema ist: Ich finde, dass oft schon eine Überforderung durch gut gemeinte Förderung stattfindet. Manchmal wäre es besser, die Kinder könnten mehr Kind sein. Durch die vielen Aktivitäten haben sie häufig zu wenig Gelegenheit für Eigenes. Denn auch das freie

Spiel fördert die Kreativität von Kindern. Um eine stabile Persönlichkeit zu entwickeln, ist es besonders wichtig Freiheit, Freiraum und Freizeit im Sinne von freier Zeit zu erleben, um Dinge auszuprobieren und selbst aus dem eigenen Spiel heraus kreativ zu werden. Es ist für Eltern nicht einfach, sich von den vielen Angeboten etwas zu distanzieren, die in unserer leistungsorientierten Gesellschaft locken. Vielleicht wäre weniger mehr. Kinder lieben es, vor die Tür zu gehen und zu schauen, was draußen los ist. Sie lernen dabei, sich auf andere Kinder einzulassen, die sie nicht automatisch in einem Kurs jede Woche sehen. Sie probieren aus, ob man Gemeinsames entdeckt, Ideen für Spiele hat. Einen eigenen Rhythmus zu finden, spontan ein Kind zum Spielen einladen können – auch das macht fit für das Leben.

Auch wenn Sie hohe Ansprüche haben, Ihrem Kind gerecht zu werden: Machen Sie sich keine Gedanken, wenn Sie Ihr Kind dann doch vor dem Fernseher parken, weil Ihnen der Kopf heute vor lauter Stress im Büro zu platzen droht. Setzen Sie sich dazu, lassen Sie sich berieseln. Und für das Essen gilt das Gleiche: Dann gibt es eine schnelle Nudel oder eine Pizza vom Italiener um die Ecke. Es gibt Tage, die so sind. Das ist unser Leben.

So-wird-der-Kopf-wieder-frei-Übung

Fenster oder Balkontüre weit öffnen, damit Sie genügend frischen Sauerstoff bekommen. Denn je mehr Sauerstoff Sie aufnehmen, desto besser arbeiten die Organe und das Gehirn und Sie tanken schneller wieder auf.

Stellen Sie sich aufrecht hin. Ihre Arme hängen locker seitlich an Ihrem Körper. Atmen Sie nun tief ein und heben Sie die gestreckten Arme nach oben über Ihren Kopf. Die Handflächen berühren sich und Sie verharren einige Sekunden in dieser Position.

Machen Sie sich lang, schauen Sie zu Ihren Händen und strecken Sie sich zu ihnen hin. Atmen Sie nun tief aus und führen Sie Ihre Arme langsam nach unten. Halten Sie Ihre Arme kurz in der Waagerechten, wenn sie auf Schulterhöhe sind. Anschließend sinken Ihre Arme langam in die Ausgangsposition zurück.

Auch Powerfrauen powern aus. Wie lange halten Sie noch durch? Die buchhalterische Aufgabe zuerst: Ziehen Sie Bilanz. Wo stehen Sie? Soll das so weitergehen und was können Sie verbessern? Wenn nicht jetzt, wann dann?

Ein Bügeleisen für mein Gesicht

An manchen Tagen denke ich morgens beim ersten Blick in den Spiegel, dass ich mein Gesicht auch einmal bügeln sollte. So viele Lebensknitter sind darauf zu sehen. Die Stirnfalten zeigen Skepsis, die Augenbrauen sind kritisch nach oben gezogen – so schaut mir mein Spiegelbild ungnädig entgegen: müde, unzufrieden, gestresst.

Ich weiß nicht, wie ich meine Lebensgeister wecken kann, um mir selbst Energie für den Tag zu schenken. Immer wieder versuche ich es mit »Think positive«. Aber es funktioniert nicht so richtig. Wo sind die Tage geblieben, an denen ich, kurz nach dem Läuten des Weckers, munter aus dem Bett gesprungen bin? Mürrisch schlurfe ich in die Küche. Vielleicht wird mir das Koffein helfen, etwas Fahrt aufzunehmen.

So-überlisten-Sie-die-Schwerkraft-des-Bettes-Übung 1

Bleiben Sie nach dem Weckerklingeln noch ein bisschen liegen. Wechseln Sie langsam vom Schlaf- zum Wachmodus.

Strecken Sie sich wie eine Katze, dehnen Sie Ihre Glieder von den Finger- bis zu den Fußspitzen. Bleiben Sie auf dem Rücken liegen und atmen Sie nun langsam und tief durch die Nase ein. Kurz innehalten und dann durch die Nase wieder ausatmen.

Wiederholen Sie diese Atemübung 2- bis 3-mal.

Beim nächsten Atemzug ballen Sie Ihre Hände zu Fäusten, strecken die Arme in Schulterbreite nach oben. Beim Ausatmen öffnen Sie nun die Fäuste und strecken sich der Zimmerdecke entgegen.

Wiederholen Sie die Übung 2-bis 3-mal.

So-überlisten-Sie-die-Schwerkraft-des-Bettes-Übung 2

Ziehen Sie die Beine an, bis sie auf dem Brustkorb liegen, Ihr Po ist in der Luft. Die Arme umschlingen die Knie.

Rollen Sie nach hinten und wieder zurück. Sie können die Übung auch variieren, indem Sie abwechselnd das linke oder das rechte Bein anziehen.

Schaukeln Sie 15 bis 20 Sekunden. Die Bewegung bzw. das Rollen sollte dabei so rund und flüssig wie möglich sein. Jetzt kommt der Kreislauf in Schwung.

Aus einer Vorwärtsbewegung heraus stehen Sie dann auf!

Gedanken zum Aufstehen

Versuchen Sie die Gedanken an alles, was heute ansteht, noch weit von sich zu schieben und nehmen Sie sich bewusst Zeit, die morgendlichen Aufgaben in Ruhe zu erledigen. Öffnen Sie Ihre Fenster, holen Sie tief Luft, fühlen Sie die Temperatur draußen. Spüren Sie die ersten Sonnenstrahlen oder den feinen Regen im Gesicht? Genießen Sie Ihre Tasse Tee oder Kaffee ganz für sich – und die Ruhe, die hoffentlich noch um Sie ist. Kommt dann ein Familienmitglied schlaftrunken aus seinem Bett, beziehen Sie es in Ihr »Langsam-werde-ich-wach«-Ritual mit ein. Sie werden sehen: So gelingt der Übergang in die Betriebsamkeit des Tages leichter.

Probieren Sie einmal aus, den Wecker am Vorabend fünf oder zehn Minuten früher zu stellen. Dann können Sie den Tag langsamer angehen und haben noch ein paar Minuten für sich, um in Ruhe richtig auf Betriebstemperatur zu kommen.

Stress hat leider einen festen Platz in unserem Leben

Zeitmangel, permanenter Leistungsdruck, Überlastung und Erschöpfung sind die Begleiter unserer »modernen« Gesellschaft. »Ich bin im Stress« ist eine Aussage, die uns leicht über die Lippen kommt. Wir nehmen den Zustand als selbstverständlich wahr, weil es so vielen Menschen in unserem Umfeld genauso geht. Und weil wir es gar nicht mehr anders kennen. Unseren Körper und unsere Psyche stellen wir auf eine harte Probe, wenn es uns nicht gelingt, das Gleichgewicht zwischen den Anforderungen des täglichen Lebens, der Anspannung und der Entspannung herzustellen. Unser Augenmerk liegt meist stärker auf dem »Wie-schaffe-ich-die-täglichen-Aufgaben« als auf dem »Hier-ist-mal-eine-Pause-für-mich-drin«.

STOP-Zeichen beachten

Leider, ich schreibe hier ganz bewusst »leider«, reagieren viele Frauen nicht automatisch mit starken körperlichen Beschwerden auf das »Zuviel« in ihrem Leben. Meistens weiß der Körper ja viel früher als der Kopf, dass es jetzt genug ist. Häufig ist man müde, gereizt und unkonzentriert. Viele Frauen treiben sich mit Da-muss-ich-durch-Parolen weiter an, bezeichnen sich selbst als nicht belastbar und reden ungnädig über sich. Achten Sie einmal darauf, wie Sie sich wahrnehmen. Gehen Sie freundlich mit sich um? Oft haben Frauen diese oder jene Beschwerden, aber selten ist ein Krankheitssymptom so gravierend, als dass frau sich nicht mehr aufrappeln kann, um ihre Aufgaben in Beruf und im Familienleben zu erfüllen. Verlässlich wie wir sind, übersehen wir gerne das rote STOP-Zeichen und machen weiter wie bisher.

Anzeichen von »Das-ist-zu-viel« erkennen

Es gibt Tage, an denen ich mich so leer und ausgebrannt fühle, dass ich mich über fast nichts mehr freuen kann. Es ist einfach keine Empfindung außer Müdigkeit mehr da. Alles erscheint schwer, nichts geht mehr von der Hand. Stressgefühle und eine negative Einstellung zu mir selbst sind meine Begleiter. Wenn auch Sie oft an diesem Punkt sind und der Zustand länger anhält, dann ist die Zeit gekommen, um gegenzusteuern. Jetzt müssen Sie etwas für sich tun. Positiv an diesem Moment ist, dass Sie durch ihr Ausgepowertsein gezwungen werden, über Ihre Situation nachzudenken. Wie könnte es besser gehen? Weniger kräftezehrend? Die Überlastung ist eine ganz natürliche Reaktion des Körpers auf eine konstant hohe

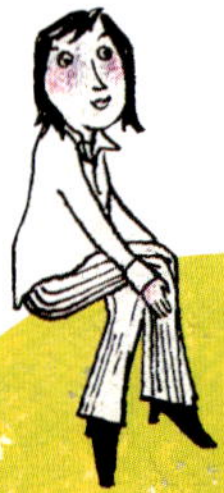

Belastung. Sie ist keine Schwäche! Lassen Sie bitte einmal Revue passieren, was Sie jeden Tag leisten. Und machen Sie sich auch bewusst, dass gerade die sehr motivierten, pflichtbewussten und engagierten Frauen irgendwann ausbrennen.

Gestehen Sie sich ein, wenn Sie nicht mehr können. Bitten Sie um Unterstützung. So wird aus dem abstrakten »Ich bin im Stress« eine konkrete »Bitte um …«. Das ist ein erster Schritt, um das diffuse Gefühl des Getriebenseins zu stoppen und wieder Kontrolle über das eigene Tun zu erlangen.

Analysieren Sie Ihr Leben

Gliedern Sie Ihr Leben in die wichtigsten Einzelbestandteile auf und gehen Sie in Gedanken ganz genau jeden Wochentag durch. Arbeit, Familie/Kind(er), Partner, soziale Kontakte, Freizeit, Sport und Gesundheit, freie Zeit für Sie selbst, Haushalt, Einkäufe und die vielen kleinen Dinge, die sich unterm Strich summieren. Notieren Sie alles, was Ihnen einfällt unter der jeweiligen Rubrik. Legen Sie auch eine eigene Rubrik für »Wünsche« an. Dort kommt alles hinein, was Sie schon immer tun wollten oder wofür Sie gerne mehr Zeit hätten. Beobachten Sie sich ruhig über einen längeren Zeitraum.

Ganz wichtig: Machen Sie ein emotionales Ranking. Gehen Sie in sich: Wie fühlen Sie sich bei all Ihren Aufgaben und Kontakten? Was geht Ihnen leicht von der Hand, was weniger leicht? Und was fällt Ihnen richtig schwer oder nervt Sie unendlich? Wann geht es Ihnen gut? Wo fühlen Sie sich wohl? Wie schätzen Sie Ihre Gesundheit ein? Was tun Sie dafür? Haben Sie das Gefühl, die einzelnen Dinge im Griff zu haben?

Und: Ordnen Sie jeder Tätigkeit einen Zeitfaktor zu. Wie viel Zeit wenden Sie für die einzelnen Positionen auf? Ist es der ständige Zeitdruck, der sie stresst? Sind es ganz einfach doch zu viele To-dos? Sind die Ansprüche, die Sie an sich selbst stellen, zu hoch und so einfach nicht zu schaffen? Haben Sie genügend Unterstützung? Bekommen Sie Anerkennung für Ihr Tun?

Work-Life-Balance-Analyse

Diese Work-Life-Balance-Analyse ist eine sehr spannende Aufgabe. Haben Sie sich in der letzten Zeit so lange konkret mit Ihrem Leben beschäftigt? Sie werden erstaunt sein, was Sie im Detail herauslesen können – zum Beispiel wie viel Sie täglich leisten. Oder es wird Ihnen schon beim Aufschreiben klar werden, dass es Ungleichgewichte gibt, gegen die Sie etwas tun sollten. Wenn wir achtsam mit uns und unserer Gesundheit umgehen wollen, werden wir Grenzen ziehen müssen. Dann wird das eine oder andere vielleicht ganz unter den Tisch fallen. Nur so können wir die vielfältigen Aufgaben besser und zufriedenstellender meistern. Die Analyse ist Ihre Basis, von der aus Sie das Feintuning Ihres Working-Mum-Lebens starten können.

Übung-zum-Entspannen-des-Gesichtes-nach-großen-Denkaufgaben

Stellen Sie sich vor, Sie beißen in eine Zitrone, dann geht es einfacher.

Atmen Sie tief ein, kneifen Sie die Augen ganz fest zusammen und ziehen den Mund nach oben. Gleichzeitig versuchen Sie ein Grinsen.

Zählen Sie bis drei ohne zu atmen, Spannung halten und bis sechs zählen, dabei ausatmen und das Gesicht wieder entspannen.

To-do-Liste

Was bleibt vom Leben
übrig, wenn die
Zeit fehlt? Die Erkenntnis:
Ich habe gar nicht zu wenig Zeit,
sondern nur einfach viel zu viel auf meiner
To-do-Liste. Wie lässt sich das in der Praxis vermeiden?

Es gibt nicht zu wenig Zeit

Mit einer Tasse Kaffee sitze ich nach der Arbeit völlig erschlagen in unserem Wohnzimmer. Ich starre einfach zum Fenster hinaus, sehe zu, wie Schneeflocken langsam in unseren Garten fallen. So vieles gibt es zu tun und ich komme weder in die Gänge noch zur Ruhe. Also lasse ich alles liegen. Eigentlich ist es ganz einfach, denke ich plötzlich: Ich habe gar nicht zu wenig Zeit, sondern viel zu viel auf meinen To-do-Listen.

Ich bin erstaunt, wie sich in diesem Moment – aus dem Unbehagen über meinen oft hektischen und stressigen Alltag, meine Müdigkeit und Gereiztheit – eine so simple Erkenntnis scheinbar mühelos herausgeschält hat. Ganz unbewusst. Es erscheint mir zu leicht, aber auch ganz logisch. Zumindest ist das Problem mit diesem Gedanken auf den Punkt gebracht. Und ich freue mich, weil mir mein Bauch sagt, dass ich das Wesentliche getroffen habe. Bleibt mir nur noch die Aufgabe, Bestandsaufnahme zu machen, Wichtiges von weniger Wichtigem zu trennen und etwas zu streichen – und schon habe ich mehr Zeit.

Dass das nicht so einfach ist, wissen wir nur zu gut. Aber einen Versuch zu unternehmen, ist es allemal wert. Uns zuliebe.

Kleine Glücksmomente: Zeit und ein bisschen Ruhe ab und an

In unserer Gesellschaft sind die Menschen rund um die Uhr aktiv und erreichbar. Gerade im Beruf wird die Wichtigkeit eines Menschen am vollen Terminkalender gemessen. Wie viele Informationen und Termine im Lauf eines Tages auf uns warten, kann man hier gar nicht aufzählen. Und noch viel weniger, wenn zwei Lebensbereiche miteinander verbunden sind: Dann verdoppelt sich die Anzahl der Informationen und Termine. Manchmal freue ich mich, wenn etwas abgesagt wird. So entsteht ein Zeitfenster, das ich für mich nutzen kann. Und wenn ich dem ersten Versuch widerstehe, die freie Zeit sofort durch einen neuen Termin zu blocken, weil es ja noch dies oder jenes zu tun gibt, dann ist das wunderbar. Ein kleines Glück, ein Zeitgeschenk nur für mich – selbst dann, wenn es ein Termin war, auf den ich mich sehr gefreut habe wie ein Abendessen mit einer lieben Freundin oder ein Kinobesuch.

Don Quichote

Der Kampf gegen die permanente Zeitnot gleicht wie Don Quichotes Kampf gegen die Windmühlenflügel. Er macht auf Dauer ungeduldig, unkonzentriert und unzufrieden. Frau kann sich oft gar nicht mehr an schönen Momenten freuen und sie genießen, weil sie zwischen dem nächsten Termin, der nächsten Waschmaschine und dem Telefonklingeln untergehen. Das ist unbefriedigend. Dabei wäre es so schön, im Hier und Jetzt zu sein und den Augenblick zu genießen. Offen zu sein für die vielen kleinen Glücksmomente des Tages, das macht uns froh und hilft uns, neue Energie zu tanken.

Der Tag hat 24 Stunden

Nun kann frau aber die ganzen Termine und Informationen nicht einfach abblocken. Sie braucht sie in jeder Hinsicht, um auf dem Laufenden zu bleiben. Die Frage ist nur: wie viele sind wirklich nötig, um den Anschluss nicht zu verpassen? Der Tag hat 24 Stunden, und wenn uns die Zeit nicht reicht, dann nehmen wir die Nacht hinzu ... Sie kennen diesen Spruch bestimmt. Ein Sinnbild für unser schnelles Leben.

Manchmal kommt es mir so vor, dass wir Working Mums versuchen Gesetzmäßigkeiten auszuhebeln, wie Mr. Winston Wolf in »Pulp Fiction«. Haben Sie den Film gesehen?
Mr. Wolf soll den beiden Killern Jules und Vincent aus der Patsche helfen. Am Telefon – er ist am anderen Ende der Stadt – fragt er, wie lange er für die Strecke braucht. Die Antwort: »That's thirty minutes away.« Daraufhin sagt er:
»I'll be there in ten.«

Arbeiten Sie auch oft so als ob Sie alles in einem Bruchteil der Zeit schaffen könnten? Kein Wunder, wenn die Zeit knapp wird. Dann müssen Sie ran an Ihre Work-Life-Balance-Liste. Tatsache ist, wir können nur eine begrenzte Anzahl von Aufgaben in unseren Tag packen. Sonst sind wir ständig unter Zeitdruck. Freie Zeit sollte fest in unserem Budget eingeplant sein, um das Tempo rauszunehmen und um zur Ruhe zu kommen.

Konzentration auf das Wesentliche …

… heißt definieren, was unter den Tisch fällt. Das klingt so einfach und die TOPs, die sein müssen, lassen sich schnell festmachen. Sie haben sich für Beruf und Familie entschieden. Also stehen diese beiden als WICHTIG ganz oben. Innerhalb der beiden Lebensbereiche können Sie verschiedene Wertungen vergeben und sie damit strukturieren. Was übrig bleibt, ist ein großer Graubereich, in dem Sie einige der MUSTs kritisch überprüfen müssen und bestimmt auch eliminieren können.
Alles was Sie nicht zu den TOPs zählen oder was nicht an Platz zwei und drei im Ranking gelandet ist, kann verschoben werden oder aber ganz gelöscht werden. Schauen Sie sich diese Termine kritisch an.

Planen Sie Pausen und Puffer für Unvorhergesehenes ein! Wenn Sie Ihre Zeit bewusst nach dem »Schweizer-Käse-Prinzip« verplanen, geraten Sie nicht so leicht unter Druck. Dann sollten am Ende des Tages noch genügend Löcher übrig bleiben, durch die Sie schauen können. Das entspricht der »60:40-Regel«, die besagt, dass 60 % der Zeit fix verplant werden können, 40 % aber flexibel bleiben sollen.

Dringend ist nicht gleich wichtig

Viel zu oft stelle ich fest, dass es gar nicht an mir liegt, wenn ich in Hektik gerate. Klar, nicht immer kann frau sich entziehen, wenn der Chef etwas ganz Eiliges auf Zuruf braucht. Aber oftmals wird mir etwas als ganz dringend verkauft, was mir nicht »wichtig« ist. Das zu unterscheiden, ist nicht immer einfach, hilft aber beim Abgrenzen. Überprüfen Sie alle Punkte, die Sie auf Ihrer »Das-ist-mir-wichtig-Liste« haben. Das kann Ihre Projektplanung im Büro sein oder die Liste auf der Sie die anstehenden Aktivitäten der Familie verwalten. Finden Sie den Punkt dort nicht, dann ist er nicht so brisant. Zumindest nicht für Sie. Versuchen Sie, sich mit dem Hinweis »Geht das auch später? Ich bin gerade an einem wichtigen Vorgang, auf den ich mich konzentrieren muss und den ich unbedingt zu Ende bringen möchte« der Dringlichkeit zu entziehen. Erfahrungsgemäß erledigt sich das »Dringende« dann von selbst.

Konzentration auf das, was Ihnen gut tut

Nehmen Sie Ihren Bauch zu Hilfe. Er ist meistens schon viel früher klüger und sendet Warnsignale, indem er uns ein unbehagliches Gefühl gibt. Ganz ehrlich, haben Sie immer Lust, diese oder jene Bekannte zu treffen, obwohl die letzten Zusammentreffen etwas angespannt waren? Denken Sie dabei, »… eigentlich würde ich lieber …« oder »… eigentlich habe ich keine Lust auf die immer gleichen Geschichten«. Dann überprüfen Sie Ihr »EIGENTLICH«. Eigentlich JA oder eigentlich NEIN? Natürlich gibt es immer für alle und jeden einen Grund, verständnisvoll zu sein. Aber wenn Sie das Gefühl haben, dass es für Sie gerade jetzt nicht das Richtige ist, weil sie genügend anderes um die Ohren haben oder Ihre Zeit sinnvoller verbringen könnten, dann hören Sie auf Ihren Bauch. Natürlich ist das nicht einfach. Frau hat ein bestimmtes Bild von sich und möchte auch für Freunde da sein, wenn sie in einer schwierigen Phase sind. Doch da gibt es feine Abstufungen. Und wenn es heute nicht passt, dann sagen Sie freundlich ab. Vielleicht ist es in ein paar Wochen ja wieder anders.

Die Kunst, NEIN zu sagen

Halten Sie sich immer wieder vor Augen, dass Sie nur eine begrenzte Anzahl von Aufgaben an einem Tag erledigen können. Wenn Sie einen Zeitpuffer für Unvorhergesehenes oder etwas Zeit für sich haben möchten, dann müssen Sie Grenzen ziehen und NEIN sagen. Sonst geraten Sie unter Zeitdruck. Viele Dinge können auch später erledigt werden. Unterdrücken Sie den Reflex, sofern Sie ihn haben, zu sagen: »Klar, kann ich machen.« Überlegen Sie, ob es gerade in Ihren Zeitplan passt. Bitten Sie um Bedenkzeit. Vielleicht ist ja ein späterer Zeitpunkt günstiger für Sie und es stehen nicht so viele andere Dinge an.

Vorschlag: Streichen Sie »schnell« und »ich muss …« aus Ihrem Wortschatz. Geben Sie fünf Euro für jedes SCHNELL und MUSS, das Sie verwenden, in eine Schachtel. Sie werden sehen, wie fix Sie ein paar neue Schuhe im Schrank stehen haben. Oder etwas anderes, mit dem Sie sich selbst verwöhnen möchten.

Entschleunigen

Es muss nicht immer alles sofort sein. Weder jede Nachricht auf dem Anrufbeantworter noch jede Mail muss sofort bearbeitet werden. Viele Dinge lassen sich auch später erledigen. Denn mit jeder spontanen Erledigung verlieren Sie wertvolle Zeit bei einer Sache, die mehr Konzentration beansprucht. Also ruhig das Telefon mal klingeln lassen und später zurückrufen, nachdem der Vorgang erledigt ist. Das gilt auch für zu Hause. Wenn Sie mit Ihrem Kind die Hausaufgaben durchgehen, dann tun Sie das konzentriert und bleiben Sie dran. Später können Sie dann zurückrufen. Das hat den erzieherischen Nebeneffekt, dass Ihr Kind auch gleich lernt, sich nicht zu verzetteln.

Zeitdiebe aufspüren

Beim Erledigen vieler Dinge bin ich sehr effektiv. Ich trainiere ja schon lange. Ich halte mich für sehr gut organisiert und strukturiert. Doch bei all dem, was es zu tun gibt, komme ich immer wieder in Hektik. Es haben sich wohl ganz langsam und leise Zeitdiebe in meinen Alltag geschlichen. Ein guter Anlass, die Zeitplanung kritisch unter die Lupe zu nehmen, um in ruhigeres Fahrwasser zu kommen.

Die »grauen Herren« tragen manchmal ein Tutu

Es ist nicht immer leicht, die echten Zeitdiebe zu erkennen. Wie einfach war das doch in »Momo«, der faszinierenden Geschichte von Michael Ende. Da waren es die »grauen Herren«, die versuchen, die Menschen zu überreden, Zeit für später zu sparen. Als eine Freundin mir neulich sagte, wie »satt« sie es hat, nachmittags nach dem Büro zehnmal vor irgendeinem Laden anzuhalten, um Kleider in oder aus der Reinigung zu holen, Brot oder Geburtstagsgeschenke zu kaufen und ein Schreibheft, um dann anschließend Taxi für ihre Töchter die ins Ballett müssen, zu spielen, kam mir der Gedanke, dass Zeitdiebe manchmal ein Tutu tragen ...

Mein Tipp: Führen Sie für zwei oder drei Wochen ein Protokoll über Ihre Aktivitäten. Dann werden Sie schnell feststellen, wo Ihre Zeit bleibt. Und natürlich, wo Ihre »grauen Herren« sitzen.

Sie werden erstaunt sein, dass Sie einiges ersatzlos streichen können, ohne dass es auffällt. Oder Sie delegieren es, zum Beispiel an die Kinder, wenn es um Dinge geht, die Sie für sie beiläufig erledigen. Es ist einfach praktisch, weil die Mama ja sowieso unterwegs ist. Wenn es wirklich wichtig ist, müssen die Lieben sich selbst aufs Rad schwingen. Tun sie es nicht, dann ist es auch gut. Halten Sie nicht an Aufgaben fest, nur weil es sich so eingebürgert hat und weil Sie sie früher erledigt haben. »Früher« ist passé, heute gelten neue Regeln. Sie haben jetzt einfach weniger Zeit für solche Serviceleistungen. Das werden Sie Ihren Lieben beibringen müssen.

Bedenken Sie:

Sie können noch so gut organisiert sein – wenn Sie die anderen Familienmitglieder nicht konsequent in die To-dos mit einbeziehen, wird Ihre Liste länger und länger und Sie stehen auf verlorenem Posten. Denn je mehr von Ihnen erledigt wird, desto einfacher ist es für die anderen. Geben Sie Ihren Lieben klare Anweisungen. Auch kleine Kinder können nach und nach Aufgaben übernehmen. Sie freuen sich, wenn sie helfen können – zumindest meistens. So werden sie selbstständig und wachsen in komplexere Zuständigkeiten hinein.

Im Büro gilt dasselbe für Dinge, die immer nebenbei erledigt werden. Sie erweisen sich ebenfalls als nicht so dringend. Ist es wirklich wichtig die Excel-Tabelle für die Besprechung noch zu optimieren? Sie werden erleben, wie vieles plötzlich wegfällt, weil Ihnen klar wird, dass es sich um einen reinen Zeitdieb handelt.

Und Sie können sich freuen, denn Sie haben gewonnen: mehr Zeit für sich. Für etwas, das Ihnen Freude und das Leben so viel schöner macht. Und wenn es etwas Verrücktes ist – umso besser.

Die Kunst, mit Listen zu arbeiten

Ein großer Vorteil von Listen ist, auch wenn Ihnen das vielleicht zu buchhalterisch erscheint, dass frau die To-dos so besser bündeln und effektiver abarbeiten kann. Wenn Sie zum Beispiel das Einkaufen auf ein- oder zweimal in der Woche reduzieren, erspart Ihnen das weitere Stops, um die Vorräte wieder aufzufüllen. Eine Grobplanung, was die Woche über auf den Familientisch kommt, erleichtert die Vorratshaltung. Sie müssen darüber nachdenken, wieso also nicht gebündelt?

Dasselbe gilt natürlich auch für das Büro und viele andere Bereiche. Eine Fahrt in die Innenstadt, um dies und jenes zu kaufen, sollte nicht in einen Horrortrip ausarten, angesichts der vielen Dinge, die zu besorgen sind. Aber lohnen sollte sie sich schon. Schreiben Sie alles, was Ihnen einfällt, auf einen Zettel. So haben Sie den Kopf frei und verlieren nicht unnötig Zeit mit der unsäglichen Denksportaufgabe: »Was wollte ich hier noch mal oder da war doch noch etwas …«.

Mit Hilfe von Listen lassen sich Telefonate bündeln, die Bearbeitung von E-Mails, Routinearbeiten im Büro, Hausarbeiten. Sie bekommen eine Übersicht, was alles in dieser Woche ansteht. Und es bleibt freie Zeit, weil Sie sich nicht mit dem ewigen Kleinkram »verzetteln«. Übertragen Sie ruhig Aufgaben auf die nächste Woche, wenn Ihre Liste schon gut gefüllt ist.

Auch wenn Ihnen Listen bis jetzt nicht so sehr liegen, probieren Sie es einfach aus. Ordnen Sie nach Kategorien, die vom Ablauf her sinnvoll sind. Die Effizienz, die Sie damit erzielen, lässt Ihnen Zeit für anderes. Und ein ganz wunderbarer psychologischer Effekt geht mit den Listen einher: Es ist ein tolles Gefühl, wenn Sie etwas von Ihren Listen streichen können.

Es lebe die Routine!

Vielleicht können Sie dieser Aussage im Moment gar nichts abgewinnen. Sie sehen den Berg Wäsche vor sich oder die private Ablage, die dem Turmbau von Babel gleicht. Manchmal hat so eine Routinearbeit aber auch etwas Gutes: Gerade in Zeiten, in denen es »besonders« eng ist und wenig oder gar keine Zeit bleibt zum Durchatmen, da bieten Routinearbeiten im Haushalt die Möglichkeit ein bisschen abzuschalten. Beim Bügeln oder Falten von Wäsche kann frau wunderbar ihren Gedanken nachhängen. Immer ähnliche Handgriffe ausführen – das lässt dem Gehirn Zeit, auch für Komplexeres. Und am Ende kann vielleicht sogar ein Punkt auf der To-do-Liste gestrichen werden.

Warum Zeit- und Projektmanagement im privaten Leben manchmal so schwierig sind ...

Wenn ich mir die gesammelten Werke so anschaue, die sich mit Zeitmanagement beschäftigen, dann stolpere ich immer über einen wichtigen Punkt, der sich in der Business-Lektüre nirgendwo findet: den emotionalen Faktor. Bei aller Rationalität und allem Pragmatismus blutet mir manchmal das Herz, wenn ich an einem Termin mit meinem Sohn nicht teilnehmen kann. Auch wenn dieses Ereignis aus irgendeinem Grund nur mir wichtig ist. Im Beruf mit Terminen zu jonglieren oder Projekte zu priorisieren ist das eine. Aber die Vorstellung, das Kind bei einer Schulaufführung nicht sehen zu können, finde ich entsetzlich.

… und wie es doch gelingen kann

Tragen Sie Ihre wichtigen privaten Termine als »fest gebucht« in Ihren Kalender ein. Als Working Mum können Sie nicht überall dabei sein. Das ergibt sich aus Ihrem Beruf-Familie-Spagat. Machen Sie sich das immer wieder klar. Erklären Sie es Ihren Kindern und besprechen sie es in der Familie. Vielleicht kann ja Ihr Partner den Termin übernehmen oder Oma und Opa, damit jemand aus der Familie dabei ist.

Reservieren Sie auch Zeit für Ihren Partner. Private Termine sind keine Streichtermine. Und wenn Sie nach einer sehr arbeitsintensiven Zeit das Gefühl haben, dass Ihre Familie und Ihr Privatleben zu kurz gekommen sind, dann steuern Sie dagegen, indem Sie versuchen, umzuschichten.

Dem-Rücken-etwas-Gutes-tun-Übung

Halten Sie sich am oberen Küchenschrank oder dem Regal im Büro fest. Die Beine stehen schulterbreit in ungefähr einem Meter Abstand von Ihrem »Übungsgerät« entfernt.

Machen Sie nun den Rücken ganz lang und drücken Sie den Po heraus. Die Arme sind gestreckt.

Bleiben Sie für 30 Sekunden in dieser Position.

Machen Sie dann einen runden Rücken und kehren Sie in die Ausgangsposition zurück.

Nach-einem-langen-Bürotag-etwas-für-die-Beine-tun-Übung-1

Diese Übung eignet sich ganz wunderbar, wenn Sie nach einem langen Tag, an dem Sie im Büro viel gesessen haben, etwas für Ihre schweren Beine tun wollen.

Setzen Sie sich bequem und aufrecht hin. Rücken und Kopf sind gerade. Schultern und Arme sind in entspannter Haltung.

Heben Sie nun Ihre Fersen langsam vom Boden, sodass das ganze Gewicht auf den Ballen liegt.

Dann wieder abrollen. Und nun die Zehen anheben, sodass die Fersen das Gewicht tragen. Wippen Sie mindestens 5-mal hin und her.

Eine ideale Übung, wenn Sie mit öffentlichen Verkehrsmitteln fahren.

Leichte-Beine-Dehn-Übung-2

Nutzen Sie die Stufen im Treppenhaus Ihres Büros oder die zu Hause von der Tiefgarage zur Wohnung, um eine kleine Dehnübung einzubauen.

Stellen Sie sich mit beiden Füßen auf eine Stufe. Ihre Fersen schließen mit dem Ende der Stufe ab.

Rutschen Sie nun einen Fuß so weit nach hinten, dass Sie nur noch auf dem Ballen stehen. Das Bein ist gestreckt. Das andere Bein winkeln Sie leicht an.

Dehnen Sie nun das gestreckte Bein sachte, indem Sie die Ferse nach unten strecken. Sie spüren die Spannung?

Halten Sie diese für 20 Sekunden. Dann wechseln Sie den Fuß.

Nach 2 bis 3 Wiederholungen fühlen sich Ihre Beine wieder ganz leicht an.

Wünsch' Dir was!

Stellen Sie Ihre persönliche Hitliste der Dinge zusammen, die Ihren Alltag runder machen könnten.

Und dann setzen Sie Ihre Wünsche und Vorsätze Schritt für Schritt um!

Wie sieht Ihr perfekter Tag aus?

Und wie der Versuch, etwas davon in die weniger perfekten zu retten?

Es beginnt damit, dass ich ohne Wecker wach werde. Mir bleibt genügend Zeit, um in Ruhe sitzend eine Tasse Kaffee zu trinken, während ich mit meinem Sohn über dieses und jenes plaudere oder ihm aus einem Buch vorlese. Ich blättere in der Zeitung, während die Lieben noch schlafen oder gehe eine Runde Joggen. Das alles ohne Hetze oder Druck. Ein paar Stunden allein sein gehört dazu, mich einmal nicht um andere sorgen oder um Termine kümmern müssen. Manchmal ist der perfekte Tag für mich auch ein Hausfrauentag, der mir genügend Zeit lässt, um leckere Nachspeisen für meine Liebsten zu kreieren. Oder es ist ein Bürotag, an dem ich keine hektischen Flecken im Gesicht bekomme, wenn kurzfristig ein Meeting angesetzt wird und mein Sohn abgeholt werden muss. Ich kann mich nach der Arbeit spontan mit einer Freundin in der Stadt verabreden oder zu Hause einfach nur die Füße hochlegen. Das alles gehört zu einem Tag, an dem ich nicht ununterbrochen funktionieren und effizient sein muss. Ein perfekter Tag ist der, an dem sich die To-dos nicht wie Perlen an einer Schnur aufreihen, sondern der ganz viele Lücken lässt, die ich mit kleinen »Luxusaktivitäten« wie einem ausgiebigen Telefonat mit einer Freundin oder vielleicht einem »Schönheitsprogramm« füllen kann.

Zuerst das Wunschkonzert

Was würden Sie gerne öfter tun oder mit mehr Ruhe? Was würde Sie zufriedener machen? Bestimmt müssen Sie gar nicht lange überlegen. Und jetzt formulieren Sie konkrete Ziele. Schreiben Sie nicht pauschal »mehr Lebensqualität« auf, sondern zum Beispiel »zweimal in der Woche zum Yoga gehen« oder »ich mache endlich einen Kurs in EXCEL, damit ich die Funktionen des Programms besser nutzen kann«. Konkrete Ziele können Sie leichter umsetzen und so das, was Ihnen wichtig ist oder gut tut, besser in den Alltag integrieren. Formulieren Sie ruhig mehrere Wünsche. Ganz wie in einem Business-Plan: kurz-, mittel- und langfristige Ziele. Es geht ja um Ihr ganz persönliches Wunschkonzert.

Auf dem Teppich bleiben

Das In-sich-Gehen, Fassen von Vorsätzen und Formulieren von Zielen ist das eine, der Macht der Gewohnheit nicht zu schnell zu erliegen das andere. Gute Ratschläge oder »Patentrezepte« von allen Seiten gibt es mehr als Kalorien in einer Tafel Schokolade stecken. Sie müssen aber für sich selbst einen realistischen Weg finden. Wenn etwas bei einer Freundin ganz wunderbar funktioniert, muss es bei Ihnen noch lange nicht passen. Und bedenken Sie, dass sich ein großes Ziel über kleine Teilziele erreichen lässt. Was Sie in kleinen Schritten umstellen, hält den täglichen Anforderungen besser stand.

Wenn Sie sich Ihr Leben als Working Mum nun genauer ansehen, werden Sie feststellen müssen, dass der eine oder andere Wunsch zurzeit einfach nicht umzusetzen ist. Sie können nur ein Ziel erreichen, dass zu Ihren momentanen Lebensbedingungen passt. Je realistischer Sie also planen, desto einfacher kommen Sie ans Ziel. Da Sie Kind(er) haben und berufstätig sind, bleibt für große Pläne jetzt kein Spielraum. Aber verlieren Sie diese nicht aus den Augen. Parken Sie die großen Veränderungen einfach unter Langfristiges. Dann nehmen Sie sich das Ziel vor, das Ihnen zeitnah am wichtigsten ist und das Ihnen auch umsetzbar erscheint. Damit starten Sie. Wenn Sie es erreicht haben, atmen Sie durch und freuen Sie sich darüber. Vielleicht müssen Sie für »Ihr Ziel« an anderer Stelle Kompromisse machen, das gehört dazu. Tut Ihrem Streben aber keinen Abbruch.

Unser Leben ist kurz …

… drum machen Sie das Beste daraus. Alles, was Sie für Beruf und Familie tun müssen, leisten Sie bereits. Und das ist sehr viel. Lassen Sie einmal alles an Ihren Augen vorbeiziehen. Wir bewerkstelligen so viele Aufgaben und Pflichten, dass wir uns oft nicht stoppen können und immer eilig unterwegs sind. Das Ergebnis: Wir schaffen dann doch nur einen Teil von dem, was wir uns vorgenommen haben.

Schreiben Sie sich kleine Zettel, die Sie zum Beispiel an den Computer im Büro hängen oder zu Hause an den Küchenschrank – mit einem Symbol, das nur Sie verstehen. Diese Zettel sollen Sie daran erinnern, dass Sie etwas langsamer machen wollten, kurz innehalten wollten, um eine Atemübung zu machen oder um bewusst ganz bei sich zu sein. Nützen Sie diese Atempausen, um Ihrer Familie zu sagen, dass Sie sie lieb haben, oder um eine Kollegin zu loben.

Machen Sie sich bewusst, dass viele Augenblicke, gerade mit Kindern – die immer irgendwie zu schnell groß werden – ganz flugs vorüber sind. Platzieren Sie häufiger und bewusst ein STOP, um das Karussell anzuhalten. Nehmen Sie sich ein paar Minuten Zeit, um jemandem Aufmerksamkeit zu schenken, um sich gemeinsam über etwas zu freuen. Gönnen Sie sich Zeit, um ganz bei sich zu sein. Denn diese Momente sind wichtig, weil sie unser Leben erst richtig rund machen, gut für unser Seelenheil sind, Abstand zum Alltag bringen und unserer Gesundheit zuträglich sind.

Die Macht der Gewohnheit

Früher habe ich, noch während ich die Jacke im Flur an die Garderobe gehängt habe, mit dem anderen Arm bereits die Einkäufe in den Kühlschrank geräumt – bildlich gesprochen. Ich war schon bei dem Gedanken, was ich alles zu erledigen habe, erschöpft, bevor ich überhaupt damit begonnen hatte. Schnell, schnell musste immer alles gehen. Überhaupt war »schnell« lange Zeit mein meist benutztes Adjektiv.

Bis eines Tages mein kleiner Sohn vor mir stand und mit großen Augen ganz stolz zu mir sagte: »Mama ich warte dann mal ganz schnell bis Du fertig bist.« »Schnell warten«, wie absurd. Das war der Moment, da dachte ich bei mir: So geht das nicht weiter. Ich sage immer noch viel zu oft »schnell«, aber ganz wenig »muss« und bin – seitdem ich mich mit meinen Prioritäten beschäftige – sehr viel toleranter und geduldiger mit mir geworden.

Wechseln Sie die Perspektive. Treten Sie einen Schritt zurück. Versuchen Sie einmal, sich selbst so objektiv und distanziert wie möglich im Alltag zu beobachten. Bei anderen Menschen sieht man ja meist sehr schnell, wo es hakt. Bei sich selbst dauert es länger, zu erkennen, an welchen Stellen man sich verzettelt. Haben Sie die Fallen erst einmal erkannt, ist es leichter, gegenzusteuern.
Denken Sie während des Urlaubs oder während eines langen Wochenendes über mögliche Veränderungen nach. Überprüfen Sie immer wieder, ob die Richtung noch stimmt. So gewinnen Sie eine andere Sicht auf Ihre Ziele. Manches erscheint einfacher zu erreichen oder nicht mehr ganz so wichtig.

Veränderungen brauchen Zeit ...

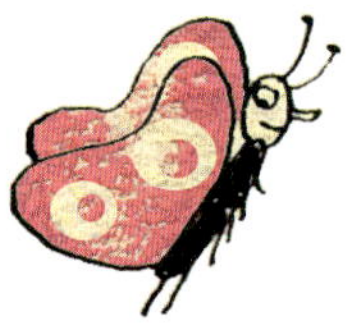

Geben Sie sich genügend Zeit, um das anvisierte Ziel umzusetzen, sonst kommen Sie schnell unter Druck. Und seien Sie nicht zu streng mit sich, wenn Sie Ihr SOLL nicht erfüllt haben. Bleiben Sie flexibel. Hauptsache ist, Sie geben nicht auf. Ich habe eine ganze Weile trainiert, bis es mir gelungen ist, ohne Hektik zu Hause anzukommen. Mantramäßig habe ich mir vorgesagt: »So, jetzt erst einmal alles abstellen, ein paar Minuten hinsetzen, sammeln und dann kann es ja losgehen.« In der täglichen Übung ist es mir mit der Zeit gelungen, die Hektik abzulegen und gelassener den zweiten Tagesabschnitt zu beginnen. Lassen Sie sich nicht entmutigen, wenn Sie doch wieder in alte Muster zurückfallen oder das schon Erreichte nicht auf dem gewünschten Level halten können. Meist bleibt etwas hängen von dem, was Sie sich vorgenommen hatten, und Sie haben nur einen kurzen Durchhänger.

»Ermutigen« Sie Ihre Liebsten ganz diplomatisch, ruhig häufiger etwas in die Hand zu nehmen und an seinen angestammten Platz zu bringen, wenn es sowieso schon zum Aufräumen bereit liegt. Auch Ihre Familie kann ihren Horizont erweitern, dazu lernen und sich aus der alten Gewohnheit lösen »Mama macht's«.

… und einen langen Atem für mehr Lebensqualität

Meist liegt es offensichtlich auf der Hand, dass etwas geändert werden muss. Dazu braucht man sich nur die in der Regel sehr kurz getakteten Tagesabläufe von Working Mums anzusehen. Aber warum ist es dann so schwer, die Veränderungen durchzusetzen? Weil es nicht einfach ist, zu all dem, was sowieso erledigt werden muss, noch ein Augenmerk auf das zu richten, was wir ändern möchten. Wir neigen dazu, solange nicht »die Hütte brennt« die Abläufe zu belassen, die wir gewohnt sind. Und die ja »im Prinzip« auch »irgendwie« funktionieren. Vielleicht, weil wir uns davor fürchten, dass wir die gewonnene Zeit nutzen, um noch besser zu funktionieren und noch mehr Aufgaben zu erledigen.

Machen Sie sich klar, dass alles, was Sie ab jetzt tun, um mehr Gleichgewicht in Ihr Leben zu bekommen, Ihnen zugute kommt: Es ist ein Zeitgeschenk und ein Plus für Ihre Gesundheit. Das Durchhalten lohnt sich. Sie gewinnen ein Stück Lebensqualität.

Denken Sie daran, dass Veränderungen in Ihrem Kopf beginnen!

Ich-hol-mir-vom-Himmel-ein-paar-Sterne-Übung

Sie stehen locker. Die Beine sind schulterbreit gegrätscht.

Recken Sie nun Ihre Hände weit über den Kopf und versuchen Sie, nach den Sternen zu greifen. Es können ganz viele sein.

Ihr Körper wird gedehnt und Sie bekommen neue Power für die Umsetzung Ihrer nächsten Aufgabe – egal ob im Büro oder zu Hause.

Ein-Buch-ist-nicht-nur-zum-Lesen-da-Übung

Wie schön für Sie! Sie haben eine halbe Stunde ungestört auf dem Sofa geschmökert, doch gleich geht's weiter mit dem Familienprogramm. Nehmen Sie sich noch ein paar Minuten Extrazeit, bevor Sie wieder loslegen.

Sie liegen noch flach auf dem Rücken auf Ihrer Couch. Halten Sie Ihr Buch vor den Bauch.

Ziehen Sie nun Ihre Zehenspitzen nach oben und spannen Sie dabei auch die Waden, Oberschenkel und Ihren Po an. Die Schultern bleiben fest auf dem Sofa abgelegt.

Jetzt atmen Sie ein und heben beim Ausatmen das Buch mit gestreckten Armen über Ihren Kopf, bis dieses hinter Ihrem Kopf abgelegt werden kann.

Beim nächsten Einatmen gehen Ihre Arme langsam wieder in die Ausgangsstellung zurück.

Wiederholen Sie diese Übung noch 2-mal. Dann ist die Entspannung perfekt!

Die-Zeit-sitzt-Ihnen-im-Nacken-Übung

So werden Sie Ihre Verspannungen im Nacken los.

Setzen oder stellen Sie sich aufrecht hin. Neigen Sie den Kopf langsam zur linken Seite.

Ziehen Sie nun Ihre Schultern so weit nach unten wie Sie können. Die rechte Seite Ihres Halses wird gedehnt.

Nun ziehen Sie Ihre rechte Schulter hoch. Dann wieder nach unten.

Wiederholen Sie die Auf- und Abwärtsbewegung 5- bis 6-mal langsam. Dann wechseln Sie die Seite und neigen den Kopf nach rechts ...

Goodbye
Perfektionismus.
Frau muss nicht immer
alles schaffen – Schluss mit
den Ausreden und Mut zur Lücke.
Senken Sie Ihre tägliche Belastung.
Nicht alles, was Sie gerne tun würden, ist auch machbar.

Never change a running system?

Meine Hände halten die Kaffeetasse. Die Wärme fließt in meine Finger und der Duft weckt langsam meine Sinne. Wenn dann der erste Schluck Milchkaffee im Magen ankommt, schalte ich automatisch um auf den ON-Modus.

Und von da an arbeite ich Punkt für Punkt der Tages-to-do-Liste ab. Meist geschieht das ohne Pause. Wie bei dem Kinderspiel, in dem man oben eine Kugel auf die Bahn setzt, die dann, ohne anhalten zu können, Ebene für Ebene nach unten läuft. Bis sie am Ende mit einem Plopp ausgespuckt wird. So fühle ich mich an vielen Tagen. Bleibt die Frage: Bin ich noch zu retten?

Geben Sie Ihr Bestes, aber seien Sie nicht perfekt!

Typisch für die vielen Working Mums, die ich kenne, ist ihr Pflichtbewusstsein und der hohe Anspruch an sich selbst, in allen Bereichen top zu sein. Wir wollen alles machen und das auch noch perfekt. Wir basteln in unserem Kopf aus verschiedenen Lebensmodellen das, was uns individuell am meisten anspricht, zusammen. Das ergibt dann eine Superfrau, die mit der Realität so gar nichts zu tun hat.

Wenn wir eine Frau sehen, die es im Beruf weit gebracht hat, dann nehmen wir genau diesen Aspekt aus ihrem Leben auf. Dazu geben wir das, was uns am Leben einer Mutter und Hausfrau gefällt, fügen ein bisschen Model dazu oder Schauspielerin – wegen des schönen Körpers. Natürlich hätten wir auch gerne etwas Glamour von den Damen aus der Yellow-Press, ach ja, und wenn wir dann abends mit unserem Liebsten oder Freundinnen unterwegs sind, dann haben wir das Durchhaltevermögen und den Esprit eines Partygirls, als ob es nie einen Wecker am Morgen danach geben würde ...

Und wenn wir von all diesen Lebensformen nur Bruchteile verwirklichen, dann fühlen wir uns klein und müde und denken, die anderen Frauen bekommen anscheinend spielend alles hin. Auch in den Medien wird das Bild von den Frauen, die scheinbar mühelos alles erreichen, hochgehalten: qualifizierter Beruf, erfolgreich, unterstützender und liebevoller Partner, gut erzogene, sonnige Kinder, Freundeskreis, soziales Umfeld, sportlich aktiv – alles kein Problem. Es mag einige Working Mums geben, denen das gelingt. Aber bei genauerem Hinsehen und Nachfragen haben viele den Wunsch, ihre Aufgaben besser und entspannter bewältigen zu können.

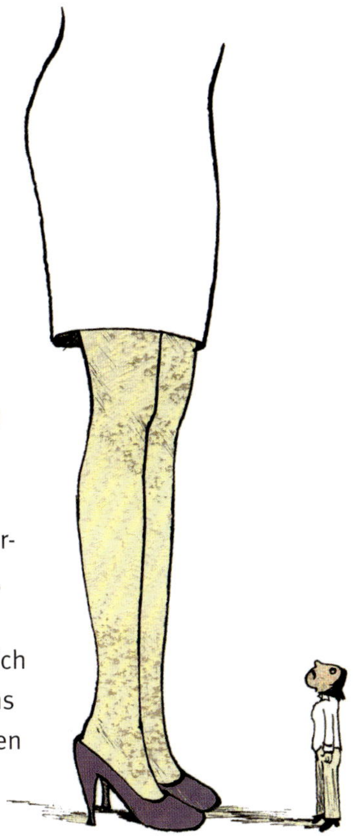

Mut zur Lücke

Treten Sie einmal einen Schritt zurück und blicken Sie auf Ihr Leben. Seien Sie freundlich und milde mit sich selbst. Schauen Sie sich all das an, was Sie täglich schaffen. Da ist so vieles, worauf sie stolz sein können. Viele Working Mums scheitern an ihren eigenen Ansprüchen. In jeder Lebenslage perfekt zu sein, das funktioniert nicht. So ist das Leben nicht. Ein gesundes Maß an Struktur, Routine und Disziplin ist wichtig, um das Leben einer Working Mum überhaupt am Laufen zu halten. Aber darüber hinaus ist es wichtig, »Lücken« zuzulassen. Sonst scheitern wir an den vielen Aufgaben und Anforderungen des Alltags und den Bildern im Kopf, »wie-etwas-zu-sein-hat«.

Frau kann unmöglich allen Facetten des Lebens gerecht werden.

Verabschieden Sie sich vom Mythos der Perfektion und kultivieren Sie ein gesundes und gelassenes »Frau-kann-nicht-alles-schaffen«. So gewinnen Sie Energie und Zufriedenheit aus Ihrem abwechslungsreichen Leben, anstatt sich diese vom ständigen Stress rauben zu lassen.

Des Wahnsinns fette Beute …

So einen Tag wie den, den ich jetzt schildere, möchte ich nicht allzu oft erleben, er kommt ab und an vor, gehört einfach dazu. Von dem, was ich erledigen wollte, habe ich fast nichts geschafft. Zu vieles kam dazwischen. Im Büro war ich am Ende des Tages so weit wie zu Beginn.

Zu dem, was ich mir vorgenommen hatte, kam ich nicht, weil ständig das Telefon klingelte. Gegen Spätnachmittag meldete sich dann ganz ungehalten ein Kollege, der natürlich seit Stunden auf das wartete, was ja auf meiner Liste ganz oben stand. Zu Hause summieren sich seit einer Woche verschiedene Aufgaben auf meinem Merkzettel, zu Beginn noch recht ordentlich geschrieben, am Ende sehr krakelig. Das ist dann das Stadium, in dem die Schrift so unleserlich wird, weil es sowieso schon egal ist, ob ich den Punkt lesen kann oder nicht. Es ist einfach nicht mehr zu schaffen. Als krönenden Abschluss fische ich einen Zettel aus dem Kindergarten-Rucksack: Wir werden freundlich um ein Elterngespräch gebeten, außer der Reihe. Die Erzieherin sieht Gesprächsbedarf. Die Gedanken fahren Achterbahn und ich kann mich nicht mehr konzentrieren. Zudem befällt mich eine bleierne Müdigkeit und ich verfluche dieses und jenes und überhaupt alles ... Da beschließe ich, mit der Bügelwäsche zu beginnen, die seit fast zwei Wochen, fein säuberlich in der Abstellkammer steht und somit aus den Augen geräumt ist. Ein Reflex, wie Sie ihn vielleicht auch kennen. Wenn ich meinen »To-do-Berg« oder eine Situation nicht mehr überblicken kann, weil es schlicht zu viel ist, dann fange ich an, eine im Moment anscheinend völlig unwichtige Arbeit in Angriff zu nehmen.

... nein, durch Routinearbeiten Ordnung im Kopf schaffen

Kennen Sie diese Situation auch? Im ersten Moment scheint die Arbeit, die man sich herauspickt, völlig unwichtig zu sein und doch bringt sie etwas. Erstens können Sie am Ende der Bügelsession eine Aufgabe von Ihrer Liste abhaken, ein positiver Nebeneffekt. Das ist zwar nur ein Punkt unter »ferner liefern«, aber immerhin ein Punkt. Das Wichtigste aber ist, dass Sie sich mit den Routinearbeiten, mit dem Ordnung schaffen nach außen hin, auch innerlich wieder besser strukturieren können. Wenn uns etwas sehr stark bewegt, fällt es schwer, einen klaren Kopf zu behalten oder zu bekommen. Durch die immer gleichen Bewegungen, zum Beispiel beim Bügeln, kommt der Geist in einen entspannteren Zustand. Man könnte es auch als kleine Meditation bezeichnen. Natürlich geht das mit ganz vielen anderen Arbeiten auch, zum Beispiel Kochen, wenn Sie es gerne tun. Eine Joggingrunde hat den gleichen Effekt: Spannung abbauen, Gedanken strukturieren und dann wieder klarer sehen.

Schluss mit Ausreden!

»Es geht nicht, weil …« ist eine beliebte Formulierung. Manchmal habe ich das Gefühl, dass wir gar keine Veränderung möchten. Selbst wenn wir wissen, dass es im Moment nicht gut läuft. Es ist uns einfach zu anstrengend, Abläufe in Frage zu stellen und das Leben noch einmal umzukrempeln. Dabei ist es wichtig, dass wir uns mit dieser Aufgabe weiterentwickeln, damit es uns besser geht und wir nicht im Status quo verharren, um uns noch mehr auszupowern.

Für 180-Grad-Drehungen bleibt in unserem Leben kein Spielraum. Eine komplette Kehrtwende gehört ins Reich der Träume, wie der Lottogewinn. Wie bei allem in diesem Buch geht es um Modifizierungen im Tagesablauf, in Denkansätzen und Zeitplänen. Das Verharren hängt damit zusammen, dass wir es als Kind so gelernt haben. »Du musst den Rücken durchdrücken und es aushalten, da kann ich Dir jetzt auch nicht helfen …« Also behalten wir dieses Muster viel zu lange bei. Natürlich wird das Ganze noch dadurch begünstigt, dass unser Wohlverhalten im besten Falle auch gelobt wird. So fällt es sehr schwer, ein NEIN dagegenzusetzen bei Aufgaben, die sonst ohne Murren erledigt wurden. Und es auszuhalten, dass die Umgebung dann nicht JUHU ruft und irritiert reagiert. Zumal wir Frauen meistens auch gelernt haben, wie sich ein liebes, nettes Mädchen zu verhalten hat. Das tragen wir in uns. Nur in der Lebensphase als Working Mum ist das nicht hilfreich.

Verabschieden Sie sich in Ihrem Familienleben von der Vorstellung, dass Sie als berufstätige Mutter durch perfekte Versorgungsleistungen Ihre Zuneigung zeigen können.

Muss frau immer alles schaffen?

»NEIN, natürlich nicht«, werden Sie wahrscheinlich ziemlich schnell sagen. NEIN denken wir, fest davon überzeugt, dass wir das nicht müssen oder wollen.

Aber wie sieht es in der Praxis aus? Schaffen Sie es, Anspruch und Wirklichkeit in Einklang zu bringen? Ein großer Auslöser für Stress ist nämlich der eigene Anspruch, alles, was wir uns vorgenommen haben, auch zu schaffen. Das gelingt fast nie, oder nur dann, wenn das zu Erledigende in einem realistischen Rahmen liegt. Immer 100% zu geben (meist sind es bei Working Mums sogar 150%) führt geradewegs in den Burn-out.
Es sind die starken Frauen, die engagiert ihr Leben anpacken, die ausbrennen. Sie haben zu hohe Ansprüche und wollen zu viel auf einmal schaffen: ein Teufelskreis. Das Karussell dreht sich schneller und schneller, bis wir dann irgendwann heruntergeschleudert werden. Der Körper sagt nein und plötzlich ist da viel Zeit zum Nachdenken. Bevor es soweit ist, überlegen Sie einmal, wie Sie ab und zu auf einem langsameren Karussell fahren könnten.

Führen Sie sich vor Augen, dass für eine berufstätige Mutter nicht alles machbar ist.

Können Sie alles besser?

»NEIN, natürlich nicht«, werden Sie wahrscheinlich auch darauf antworten. ABER wie gut können Sie es aushalten, wenn etwas nicht ganz so »perfekt« erledigt wird, wie Sie es selbst getan hätten? Das fängt schon bei der »Haushaltshilfe« an, die vielleicht manchmal oder sogar regelmäßig zu Ihnen kommt. Oft denke ich: »Das hätte unsere Perle aber auch sehen können.« Oder: »Na ja, ein bisschen gründlicher hätte sie das schon machen können.« Zwei Sekunden später rufe ich den Gedanken ein beherztes STOP hinterher, um nicht in meine eigene »Alles-muss-ich-selber-machen-Falle« zu stolpern. Ich muss nicht alles selber machen, ich muss nur aushalten, dass manche Dinge anders und vielleicht nicht zu 100% erledigt werden. Aber in vielen Fällen reichen 80% allemal aus. Und das ist nur ein Beispiel. Bestimmt fallen Ihnen noch viele andere Situationen ein, in denen es ähnlich ist. Es lohnt sich, ein Auge zuzudrücken. Denn Sie können nur gewinnen: Zeit für sich und Ihre Lieben, Zeit für alles, was Ihnen wirklich wichtig ist!

Kein Mensch kann immer funktionieren. Befreien Sie sich von der Vorstellung, dass immer alles perfekt sein muss.

Manchmal ist Improvisieren angesagt

Auch wenn es Ihre »100%-oder-sogar-mehr-Augen« nicht gerne sehen: Üben Sie das Improvisieren. Das heißt ja nicht, dass es eine schlechte Lösung ist, eine Aufgabe nur zu 80% zu erfüllen. Vielleicht ist sie einfach nur in Ihren Augen nicht perfekt. Anfangs ist das schwer auszuhalten, aber es ist erlernbar. Und Sie werden sehen, meistens wird »Ihr« Notprogramm gar nicht als solches wahrgenommen, weder im Büro noch zu Hause.

Sehen Sie es einfach so: Improvisieren heißt, den Anspruch an die eigenen Möglichkeiten anzupassen.

Erst die Arbeit, dann das Vergnügen? Von Pflicht- und Spaß-Menschen

Schauen Sie ganz genau hin! Gehören Sie auch zu den Frauen, für die die Pflichterfüllung ganz oben steht. Die sich nur richtig gut fühlen, wenn alles zu 100 % erledigt ist? Und haben Sie auch manchmal das Gefühl, dass anscheinend nur Sie sich für bestimmte Aufgaben, egal ob im Beruf oder in der Familie, verantwortlich fühlen? Anscheinend gelingt es den KollegInnen oder den Lieben immer, sich dem zu widmen, was ihnen so richtig Spaß macht. Empfinden Sie so, dann gehen Sie in sich. Sie haben als Working Mum so viel um die Ohren, dass Sie sich nicht auch noch mit Selbstzweifeln herumschlagen sollten, die sich Gehör verschaffen wollen, wenn Sie etwas nicht geschafft haben.

Spicken Sie doch mal bei den Männern, wie die ganz selbstverständlich etwas für sich tun. Das können sie nämlich meistens viel besser als wir. Viele Männer, die ich kenne, starten in einen sonnigen Samstag, an dem es einiges zu erledigen gibt, so: Angesichts der Sonnenstrahlen, die ins Zimmer scheinen, verkünden sie gleich nach dem Aufstehen oder noch im

Bett liegend, dass sie jetzt eine Runde Rad fahren. Erfahrungsgemäß ist die Runde richtig lang, denn wann hat mann schon einmal Zeit und so bombiges Wetter ... denn nach dem Rasenmähen und den Besorgungen kann mann sich einfach nicht mehr dazu aufraffen. Ganz schön clever, finde ich, oder schön blöd, wenn wir uns nicht eine Scheibe abschneiden. Es ist nicht einfach, sich aus alten Verhaltensweisen zu lösen, die so fest in uns sitzen. Aber es kann gelingen. Und es geht von Mal zu Mal leichter, wenn Sie bemerkt haben, wie gut das »Etwas weniger« tut.

Machen Sie ab und zu das »Dolce-far-niente« zu Ihrer Lebensform.

Ich denke, dass wir Working Mums, die Ansprüche, die wir an uns selbst haben, zurückschrauben müssen. Sonst scheitern wir im Alltag daran, Familie und Beruf befriedigend zu vereinbaren. Wir müssen uns davon verabschieden, alles perfekt machen zu wollen und alles selber machen zu wollen. Denn nicht alles ist machbar, oder eben nur, indem wir Abstriche in Kauf nehmen.

Bevor-der-Stress-auf-die-Haltung-drückt-Schulterübung

Sie sitzen gerade auf Ihrem Bürostuhl, die Füße flach auf dem Boden, direkt unter Ihren Knien. Wenn Sie Schuhe mit Absätzen tragen, dann ziehen Sie diese für einen kurzen Moment aus.

Jetzt legen Sie Ihre rechte Hand auf Ihren linken Oberschenkel und ziehen anschließend Ihren linken Arm so weit Sie können nach hinten. Aber bitte nur, so lange wie Sie die Dehnung angenehm finden. Es darf nicht weh tun. Der Rücken sollte dabei gerade sein.

Bevor-der-Stress-auf-die-Haltung-drückt-Brustübung

Diese Übung lässt sich ganz leicht am Arbeitsplatz ausführen. Sie ist ideal, wenn Sie das Gefühl haben, dass mal wieder der Druck auf Ihren Schultern zu groß wird und Sie schon in sich zusammenfallen. Oder einfach nur, wenn Sie schon seit Stunden vor dem Computer saßen und konzentriert an einem Projekt gearbeitet haben, ohne an sich gedacht zu haben. Beim Schulterkreisen lockern Sie Ihre Schultern und lösen Verspannungen.

Beschreiben Sie mit Ihren Schultern einen Kreis. Das geht ganz einfach. Schultern in Richtung Ohren ziehen, dann hinunter zum Rücken und vorne an der Brust vorbei wieder nach oben bewegen. Dann die Richtung wechseln.

Das wiederholen Sie 4- bis 5-mal. Sie merken, wie Sie sich leichter fühlen.

Take-away-Rückenverspannungen-Übung

Auch eine sehr wirkungsvolle Übung, wenn Sie lange konzentriert gelesen oder über etwas gebrütet haben und dabei unmerklich die Schultern angespannt haben.

Dehnen Sie Ihre Brustmuskulatur. Rutschen Sie auf Ihrem Stuhl etwas nach vorne, sodass Sie Ihre Hände hinter den Rücken bringen können. Die Hände halten einander.

Jetzt ziehen Sie Ihre Schulterblätter fest zusammen und verharren in dieser Haltung für ca. 20 Sekunden.

Dann ist die andere Seite dran. Wiederholen Sie die Übung mindestens 2-mal pro Seite.

Entspannen können Sie trainieren:

joggen, kochen, stricken, lesen, schlafen, Tee trinken, Freundinnen treffen, Yoga oder einfach nur sitzen ...

Ganz egal, was Ihnen gut tut beim Entspannen, tun Sie es! Der Alltag hat den meisten Einfluss auf Ihre Gesundheit.

»Wo ist …?« – Flunkern ist beim Entspannen erlaubt

Ich habe es mir gerade auf der Terrasse gemütlich gemacht, mit einer Tasse Kaffee und einem Buch auf dem Schoß. Mit geschlossenen Augen döse ich vor mich hin. Das Telefon liegt schon in greifbarer Nähe, damit ich endlich ausgiebig mit meiner Freundin telefonieren kann.

Meine Lieben werden in wenigen Minuten zum Fußball spielen gehen. Herrlich, dann habe ich zwei Stunden ganz für mich. Was für ein wunderbares Zeitgeschenk. Aber noch kann ich nicht so richtig entspannen. Denn gleich kommt's: »Maaaamaaaa, wo sind meine Schienbeinschoner?« »Reginaaaa, wo ist der blaue Rucksack?« Kommt Ihnen das bekannt vor? Dann lehnen Sie sich doch das nächste Mal so entspannt wie möglich zurück und rufen »Weiiiiß niiiicht«, schließen wieder Ihre Augen oder blättern weiter in Ihrer Lektüre. Noch ein paar Minuten Gerumpel im Hintergrund, dann werden Ihre Lieben das gefunden haben, was sie suchen und weg sind sie. Und Sie haben es auch geschafft – nur die Ruhe leistet Ihnen Gesellschaft.

Es mag uns Frauen in die Wiege gelegt sein, über ein fotografisches Gedächtnis zu verfügen. Wir nehmen intuitiv wahr, was in den nächsten Stunden oder Tagen von einem Familienmitglied gesucht werden könnte, während wir uns in der Wohnung oder im Garten bewegen. Das wird von den anderen Familienmitgliedern schamlos ausgenutzt. Deshalb bin ich der Meinung, dass jeder auf die Dinge, die er braucht und die ihm wichtig sind, aufpassen sollte. Und wenn ein Kind, weil es noch zu klein ist, das nicht so gut kann, dann muss es immer wieder ein bisschen üben, zumindest auf einzelne Teile aufzupassen. Finde ich. Also: Augen zu, Pobacken fester an das Sitzkissen drücken, und ein bisschen flunkern – es dient ja einem guten Zweck. Ihrer Entspannung. Lassen Sie sich bitte nicht dabei stören.

Investieren Sie in Ihre Gesundheit

Zum Glück weiß unser Körper meist schon viel früher, dass es jetzt genug ist. Nur hören wir nicht immer so genau hin. Frühe Signale übergehen wir gerne und meist mit der Ausrede, dass es mal wieder etwas ganz Superdringendes zu tun gibt. Was aber bitte ist wichtiger als unsere Gesundheit? Natürlich sprechen wir hier immer vom ganz alltäglichen »Wahnsinn« einer berufstätigen Mutter und nicht von unerwarteten schweren Krankheiten, Unfällen oder sonstigen Notfällen.

Seien Sie achtsam mit sich selbst. Große Belastungen über einen langen Zeitraum können krank machen, sie sind nur über kurze Phasen auszuhalten. Werden die überschritten, droht der Dauerstress sich auf die Stimmung zu schlagen. Kommt dann auch noch permanenter Schlafmangel hinzu, ist es bis zu einer kompletten Erschöpfung oder Depression nicht mehr weit. Wir können nicht immer frei über den Zeitraum der Belastungsphase entscheiden. Aber sobald Sie wieder Licht am Ende des Tunnels sehen, sollten Sie an Ihre Entlastung denken und sich Zeit nehmen für Ihre Entspannung. Ob Sie das aktiv oder passiv angehen, können Sie von Fall zu Fall entscheiden. Wenn heute eine Joggingrunde das Richtige ist, kann es schon morgen eine Tasse Tee bei klassischer Musik sein, eine ausgiebige Massage oder etwas anderes, das Ihre Seele streichelt. Wichtig ist, dass es Ihnen dabei gut geht, dass Sie sich wohl fühlen. Denn wenn Sie sich wohl fühlen, werden vermehrt Dopamin und Endorphine ausgeschüttet. Das sind Glückshormone, die das Immunsystem stärken.

Denken Sie daran: Je mehr Druck auf Ihnen lastet, desto mehr kleine Auszeiten sollten Sie machen! Auch kleine Schritte bringen Sie voran!

Lernen Sie, auf den eigenen Körper zu hören

Aus »heiterem Himmel« einen Burn-out zu bekommen ist so unwahrscheinlich wie die Möglichkeit, dass uns der Himmel auf den Kopf fällt. Anzeichen für ein »Zuviel« gibt es meist schon lange vorher. Erst sind es ganz zarte Versuche des Körpers, auf die Dauerbelastung aufmerksam zu machen, ein leises Klopfen sozusagen. Das kann ein Ziehen im Rücken sein. Dann wird das Klopfen energischer und die Rückenschmerzen heftiger, frau spürt ihren Rücken bei fast allen Bewegungen. Und wenn aus dem Klopfen ein Trommelwirbel wird, ist der Endpunkt erreicht.

Je nachdem, wo die individuelle Schwachstelle liegt, sind die Warnzeichen natürlich ganz unterschiedlich. Doch eines ist klar: Hätte frau schon früher innegehalten, dann wäre es erst gar nicht so weit gekommen. Den Körper erfühlen, das lernt man durch Entspannungsübungen, aber auch bei körperlicher Anstrengung.

Es gibt kaum gesundheitliche Probleme, die nicht mit Stress in Verbindung gebracht werden können.

Lernen Sie das Loslassen

Verabschieden Sie sich von der Einstellung, erst einmal all das zu erledigen, was ansteht und dann etwas für Ihre Entspannung zu tun. Natürlich sind wir zum Teil noch nach dem Wahlspruch »Erst die Arbeit, dann das Vergnügen« erzogen worden, doch gelingt das nur in den allerseltensten Fällen. Und wenn es einmal klappt, ist der Status quo »Alles erledigt« so kurz, dass Sie bei Ihrer Entspannungsübung keine dreimal ein- und ausatmen, bevor es wieder etwas zu tun gibt. Nehmen Sie sich bewusst ein paar Minuten Auszeit für sich und schieben Sie Ihr Pflichtbewusstsein zur Seite.

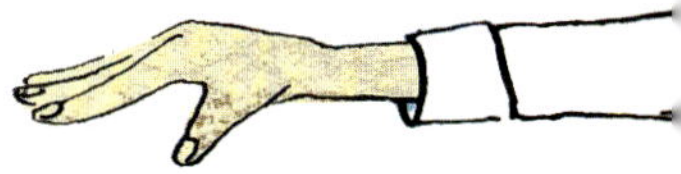

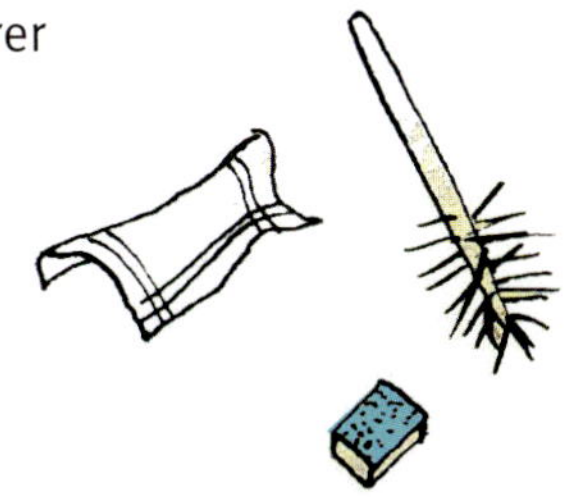

Lernen Sie das Entspannen

Mancher Ärger und Stress wäre nicht aufgekommen, wenn wir relaxter gewesen wären. Entspannt durchs Leben zu gehen, spart viel Energie! Energie, die Sie als berufstätige Mutter an vielen anderen Stellen gut brauchen können. Bewusstes Entspannen hilft bei der Stressbewältigung. Einigen Frauen genügt es, sich intensiv auf ihren Atem zu konzentrieren, andere brauchen viel Bewegung an der frischen Luft, um wieder ins Gleichgewicht zu kommen. Wiederum andere blühen auf, wenn sie einmal in der Woche in einem Chor singen, kochen oder im Garten arbeiten. Was Ihnen am besten hilft, müssen Sie selbst herausfinden. Vielleicht wissen Sie es auch schon und haben sich in der Vergangenheit nur nie die Zeit dafür genommen.

Aktiv Entspannen …

… mit Bewegung. Denn Bewegung ist Medizin. Am zuträglichsten ist sie Ihrer inneren Ausgeglichenheit an der frischen Luft. Aber ganz egal, ob draußen oder drinnen: Bewegen Sie sich! Durch regelmäßige Bewegung werden wir stressresistenter, regenerieren nach Belastungen schneller und können leichter entspannen. Durch Bewegung werden die Stresshormone reduziert, die sich im Laufe eines Tages angesammelt haben, durch permanenten Termindruck, ständige Unterbrechungen, langes Sitzen im Büro, das Telefongeklingel – auch zu Hause.

Ausdauersportarten sind besonders gut geeignet, um Stress abzubauen. Ausdauersportarten versetzen den Körper in einen meditativen Zustand. So können Sie leichter und schneller abschalten und Ihr Kopf wird wieder frei. Aber auch klassische meditative Bewegungsformen wie Yoga lassen Sie zur Ruhe kommen. Ich habe Freudinnen, die schwören auf ihre wöchentliche Yogastunde, weil sie dort »zu sich finden«. Zum Glück gibt es ja für jede Frau und jedes Zeitbudget einen Sport. Und deshalb gibt es auch keine Ausreden mehr.

Probieren Sie zum Entspannen ruhig auch etwas Neues aus. Lassen Sie sich von einer Freundin zu einer anderen Sportart motivieren. Einfach um sie kennen zu lernen. Das setzt Kräfte frei und Sie bleiben auch im Kopf beweglich.

Passiv Entspannen …

… auch hier gilt: Erfühlen Sie, was Ihnen gerade gut tut. Ein Buch lesen oder hören, um in »andere Welten« abzutauchen und abzuschalten, ist immer hilfreich. Oder hören Sie Musik, um auf andere Gedanken zu kommen. Bestimmt haben Sie eine CD im Schrank, die Ihnen schon oft geholfen hat, ein Stimmungstief zu überstehen. Wenn nicht, dann versuchen Sie es doch mal mit klassischer Musik. Entspannende Wirkung haben langsame Stücke von Mozart oder Haydn mit fließenden Melodien und Harmonien. Sie werden nach einer Weile Zuhören bemerken, wie Ihre Atmung langsamer wird und Sie ruhiger werden.

Gönnen Sie sich eine Massage, die wunderbar beruhigend und entspannend sein kann. Eine meiner Freundinnen schaltet am besten beim Kochen ab. Eine andere spielt gerne »Solitär« am Computer. Und die dritte trifft sich gerne mit Freundinnen, weil sie es liebt, mit anderen Menschen zusammen zu sein. Es gibt so viele Möglichkeiten zu entspannen. TUN SIE ES!

Wann haben Sie das letzte Mal gestrickt? Ich liebe, es im Herbst, wenn es früher dunkel wird und die Aktivitäten außer Haus etwas weniger werden, zu stricken. Stricken ist für mich Entspannung und Ruhe im hektischen Alltag – gleichzeitig entsteht etwas Kreatives. Es müssen ja nicht Fingerhandschuhe sein, denn da bekommen Sie beim Stricken vom Halten des Nadelspiels Krämpfe in den Fingern. Kinder lieben ja zum Glück lange bunte Schals.

Eine Extra-Portion Schlaf

Wir brauchen den Schlaf, damit sich der Körper regenerieren kann und damit wir Energie für die Aufgaben des nächsten Tages tanken können. Unser Geist ordnet sich neu. Bei wichtigen Entscheidungen sollte man eine Nacht darüber schlafen. Am nächsten Morgen sieht manches dann schon anders aus. Während wir schlafen, ist unser Immunsystem sehr aktiv. Es bildet Antikörper und Zellen, die im Kampf gegen Krankheitserreger zum Einsatz kommen. Sie kennen bestimmt auch den Ausspruch »etwas wegschlafen« oder haben selbst schon erfahren, dass Sie abends noch fiebrig und schwach ins Bett gefallen sind, dann tief und fest geschlafen haben – und am nächsten Morgen war der Anflug von Erkältung vollkommen weg.
Versuchen Sie, sich immer genügend Schlaf zu gönnen. Sie bekommen so die Erholung, die Sie für Ihr »Doppelleben« brauchen. Und wenn es mal wieder ganz dick kommt, schieben Sie das, was Sie meinen, noch erledigen zu müssen, zur Seite und gehen eine Stunde früher schlafen als sonst. Das wirkt manchmal Wunder!

Stellen Sie sich bildlich vor, wie Sie, wenn Sie abends ins Bett gehen, die Dinge, die Ihnen im Moment auf der Seele lasten mit Ihren Kleidern über den Stuhl hängen. Das schafft Abstand und hilft Ihnen besser zu schlafen.

Darf’s ein bisschen mehr sein?

Von Obst und Gemüse so viel Sie wollen. Denn Sie gehören zu Ihren Energielieferanten. Auch Nüsse, Vollkornprodukte und ausreichendes Trinken helfen Ihnen, Ihre Konzentration und Leistungsfähigkeit zu erhalten.

Das die Ernährung unsere Gesundheit beeinflusst, ist nicht neu. Die Lebensmittel, die Sie zu sich nehmen, sollten Ihren Körper mit allen wichtigen Nährstoffen versorgen. Und je hochwertiger und natürlicher diese sind, desto besser. Das heißt Vollkorn- vor Weißmehlprodukten und Rohkost vor gekochtem Gemüse.

Ich möchte hier jetzt keine ausführliche Erläuterung zu Vitaminen, Kohlehydraten & Co. und gesunder Ernährung starten. Ich möchte Sie nur bitten, auch beim Thema Ernährung eine ausgewogene Balance zu finden – in dem Rahmen, in dem es für Sie und Ihre Familie machbar ist. Wenn Sie mittags alle außer Haus in Kindergarten, Schule oder Kantine essen, haben Sie auf diese Mahlzeit keinen Einfluss. Gut so, denn sonst hätten Sie ja einen To-do-Punkt mehr auf Ihrer Liste. Aber Sie haben noch genügend Möglichkeiten, Gesundes bei Frühstück, Zwischenmahlzeit und am Abend zu essen. Zu jedem Pausensnack gehört viel Obst und rohes Gemüse. Handlich aufgeschnitten, dann geht das Essen wie von selbst. Machen Sie sich ruhig mal eine Box mit mundfertigen Schnitten und packen Sie diese unter den Schreibtisch. Dann fallen Ihre Zwischenmahlzeiten gesund aus. Und dazu: Vollkornbrot mit abwechslungsreichem Belag oder als Energielieferant Nüsse. Das ist dann eine solide Ernährungsgrundlage für Sie und die ganze Familie.

Mit der gesunden Ernährung ist es bei mir wie mit einem neuen Kleidungsstück, das ich zum ersten Mal trage. Ich fühle mich einfach gut damit. Mit meinen gesunden Snacks geht es mir genauso. Ich habe das Gefühl, dass ich mir etwas Gutes tue und bestens gerüstet bin für die Anforderungen des Tages, weil mein Körper alles hat, was er braucht.

Wenn es Zeiten mit viel Stress und Hektik gibt, in denen Sie das Gefühl haben, nur Schokolade & Co. können Sie jetzt über das Stimmungstief retten, dann lassen Sie sich großzügig helfen. Schaffen Sie sich keinen zusätzlichen Stress, weil im Hinterkopf ein »Ich-sollte-doch-aber-mehr-Gesundes …« mahnt. Sobald Sie wieder Land in Sicht haben, steuern Sie dagegen und stellen den Ausgleich her.

Entspannen können Sie immer und überall. Nutzen Sie die Wartezeit an der Ampel oder machen Sie eine Übung für den Rücken, während Sie neben der Kaffeemaschine im Büro stehen.

Neben-der-Kaffeemaschine-warten-Übung

Diese Übung entlastet die Wirbelsäule.

Stellen Sie sich so hin, dass Ihr Rücken und der Po die Wand berühren. Ihre Füße sind ungefähr 10 Zentimeter von der Sockelleiste entfernt.

Rollen Sie vom Kopf ausgehend Wirbel für Wirbel langsam ab, bis nur noch das Steißbein Berührung mit der Wand hat. Die Arme bleiben locker neben dem Körper.

Dann rollen Sie sich wieder auf, bis Sie in der Ausgangsposition ankommen.

Ampelübung

Ziehen Sie die Pobacken zusammen und halten Sie für ca. 10 Sekunden die Spannung.

Dann wieder loslassen.

Je nach Fahrstrecke und Ampelschaltung wiederholen.
Sie lösen mit dieser Übung Verspannungen im Bereich des Ischiasnervs und stärken den Beckenboden.

Ich-gehe-ein-paar-Schritte-Übung-1

Diese Übung ist die Allereinfachste überhaupt.

Sie parken Ihr Auto eine Straße weiter als sonst vom Büro entfernt oder steigen eine Haltestelle früher aus und gehen zu Fuß.

Ich-gehe-ein-paar-Schritte-Übung-2

Sie verzichten konsequent auf den Fahrstuhl und gehen die Treppen.

Denken Sie daran!

1. Führen Sie sich vor Augen, dass für eine berufstätige Mutter nicht alles machbar ist.

2. Improvisieren, heißt den Anspruch an die eigenen Möglichkeiten anzupassen.

3. Kein Mensch kann immer funktionieren. Befreien Sie sich von der Vorstellung, dass alles perfekt sein muss.

4. Ohne Ruhephasen können Sie auf Dauer nicht produktiv oder kreativ sein. Wer viel leistet, braucht auch Pausen, um aufzutanken. Das ist nicht nur im Sport so.

5. Veränderungen beginnen im Kopf.

6. Gegeben Sie Ihr Bestes, aber seien Sie nicht perfekt.

7. Es gibt kaum gesundheitliche Probleme, die nicht mit Stress in Verbindung gebracht werden können.

8. Sie können nicht allen Facetten des Lebens gerecht werden.

Hinweis
Das vorliegende Buch wurde sorgfältig erarbeitet. Dennoch erfolgen alle Angaben ohne Gewähr. Weder Autorin noch Verlag können für eventuelle Nachteile oder Schäden, die aus den im Buch vorgestellten Informationen resultieren, eine Haftung übernehmen.

Bibliographische Information der Deutschen Bibliothek
Die Deutsche Bibliothek verzeichnet diese Publikation in der Deutschen Nationalbibliographie; detaillierte bibliographische Daten sind im Internet über http://dnb.ddb.de abrufbar.

BLV Buchverlag GmbH & Co. KG
80797 München

Illustrationen: Marion Goedelt

Gesamtgestaltung, Satz und Layout: Regina Hocker
Umschlagillustrationen: Marion Goedelt
Lektorat: Annette Maas, Brigitte Weinrich
Herstellung: Ruth Bost

Printed in Germany
ISBN 978-3-8354-0431-1